AF551570

GRöLS
Verlage

„BÜCHER SIND WIE FALLSCHIRME. SIE NÜTZEN UNS NICHTS, WENN WIR SIE NICHT ÖFFNEN."

Gröls Verlag

Redaktionelle Hinweise und Impressum

Das vorliegende Werk wurde zugunsten der Authentizität sehr zurückhaltend bearbeitet. So wurden etwa ursprüngliche Rechtschreibfehler *nicht* systematisch behoben, denn kleine Unvollkommenheiten machen das Buch – wie im Übrigen den Menschen – erst authentisch. Mitunter wurden jedoch zum Beispiel Absätze behutsam neu getrennt, um den Lesefluss zu erleichtern.

Um die Texte zu rekonstruieren, werden antiquarische Bücher von Lesegeräten gescannt und dann durch eine Software lesbar gemacht. Der so entstandene Text wird von Menschen gegengelesen und korrigiert – hierbei treten auch Fehler auf. Wenn Sie ebenfalls antiquarische Texte einreichen möchten, finden Sie weitere Informationen auf www.groels.de

Viel Freude bei der Lektüre wünscht Ihnen das Team des Gröls-Verlags.

Adressen

Verleger: Sophia Gröls, Im Borngrund 26, 61440 Oberursel

Externer Dienstleister für Distribution & Herstellung: BoD, In de Tarpen 42, 22848 Norderstedt

Unsere „Edition | Werke der Weltliteratur“ hat den Anspruch, eine der größten und vollständigsten Sammlungen klassischer Literatur in deutscher Sprache zu sein. Nach und nach versammeln wir hier nicht nur die „üblichen Verdächtigen“ von Goethe bis Schiller, sondern auch Kleinode der vergangenen Jahrhunderte, die – zu Unrecht – drohen, in Vergessenheit zu geraten. Wir kultivieren und kuratieren damit einen der wertvollsten Bereiche der abendländischen Kultur. Kleine Auswahl:

Francis Bacon • Neues Organon • **Balzac** • Glanz und Elend der Kurtisanen • **Joachim H. Campe** • Robinson der Jüngere • **Dante Alighieri** • Die Göttliche Komödie • **Daniel Defoe** • Robinson Crusoe • **Charles Dickens** • Oliver Twist • **Denis Diderot** • Jacques der Fatalist • **Fjodor Dostojewski** • Schuld und Sühne • **Arthur Conan Doyle** • Der Hund von Baskerville • **Marie von Ebner-Eschenbach** • Das Gemeindekind • **Elisabeth von Österreich** • Das Poetische Tagebuch • **Friedrich Engels** • Die Lage der arbeitenden Klasse • **Ludwig Feuerbach** • Das Wesen des Christentums • **Johann G. Fichte** • Reden an die deutsche Nation • **Fitzgerald** • Zärtlich ist die Nacht • **Flaubert** • Madame Bovary • **Gorch Fock** • Seefahrt ist not! • **Theodor Fontane** • Effi Briest • **Robert Musil** • Über die Dummheit • **Edgar Wallace** • Der Frosch mit der Maske • **Jakob Wassermann** • Der Fall Maurizius • **Oscar Wilde** • Das Bildnis des Dorian Grey • **Émile Zola** • Germinal • **Stefan Zweig** • Schachnovelle • **Hugo von Hofmannsthal** • Der Tor und der Tod • **Anton Tschechow** • Ein Heiratsantrag • **Arthur Schnitzler** • Reigen • **Friedrich Schiller** • Kabale und Liebe • **Nicolo Machiavelli** • Der Fürst • **Gotthold E. Lessing** • Nathan der Weise • **Augustinus** • Die Bekenntnisse des heiligen Augustinus • **Marcus Aurelius** • Selbstbetrachtungen • **Charles Baudelaire** • Die Blumen des Bösen • **Harriett Stowe** • Onkel Toms Hütte • **Walter Benjamin** • Deutsche Menschen • **Hugo Bettauer** • Die Stadt ohne Juden • **Lewis Caroll** • *und viele mehr….*

Henrik Ibsen
Peer Gynt

Ein dramatisches Gedicht
Übersetzt von Christian Morgenstern

Inhalt

Personen

Aase, eine Bauerswitwe
Peer Gynt, ihr Sohn
Zwei alte Weiber mit Kornsäcken
Aslak, ein Schmied
Hochzeitsgäste. Küchenmeister. Spielleute usw.
Ein zugewandertes Bauernpaar
Solvejg und **Klein Helga,** dessen Töchter
Der Haegstadbauer
Ingrid, seine Tochter
Der Bräutigam und **seine Eltern**
Drei Säterdirnen
Ein grüngekleidetes Weib
Der Dovre-Alte
Ein Hoftroll. Mehrere andere Trolle. Trolljugend beiderlei Geschlechts
Ein paar Hexen, Erdgeister, Zwerge, Kobolde usw.
Ein häßlicher Junge. Eine Stimme im Dunkel. Vogelschreie
Kari, eine Häuslersfrau
Master **Cotton**
Monsieur **Ballon**
Die Herren **von Eberkopf** und **Trumpeterstraale,** Reisende. Ein Dieb und ein Hehler
Anitra, die Tochter eines Beduinenhäuptlings
Araber, Sklavinnen, tanzende Mädchen usw.
Die **Memnons-Säule** (singend)
Die **Sphinx von Gizeh** (stumme Person)
Begriffenfeldt, Professor, Dr. phil., Vorsteher des Tollhauses zu Kairo
Huhu, ein Sprachreformer von der malebarischen Küste
Hussein, ein morgenländischer Minister. **Ein Fellah** mit einer Königsmumie
Mehrere Tollhäusler nebst ihren Wärtern
Ein norwegischer Schiffskapitän und seine Mannschaft
Ein fremder Passagier
Ein Geistlicher
Ein Leichengefolge. Ein Amtmann. Ein Knopfgießer
Eine magere Person

Das Stück, dessen Handlung im Anfang des 19. Jahrhunderts beginnt und gegen die sechziger Jahre hin endigt, spielt teils im Gudbrandstal und seinen Bergen, teils an der Küste von Marokko, in der Wüste Sahara, im Tollhaus zu Kairo, auf See usw.

Erster AKT

(Abhang mit Laubholz bei Aases Hof. Ein Bach schäumt hernieder. Auf der andern Seite eine alte Mühle. Heißer Sommertag.)

*(**Peer Gynt,** ein kräftig gebauter Mensch von zwanzig Jahren, kommt den Steig herab. **Aase,** seine Mutter, klein und fein, folgt ihm zornig scheltend auf dem Fuße.)*

Aase.
Peer, Du lügst!

Peer Gynt*(ohne sich aufzuhalten.)*
Nein, nein, ich lüg' nicht!

Aase.
Na, so schwör' drauf: Ist es wahr?

Peer Gynt.
Warum schwören?

Aase. Pfui! Der früg' nicht,
Dessen Schuld nicht klipp und klar!

Peer Gynt*(steht still.)*
Doch, 's ist wahr, – ich schwör' es Dir.

Aase*(vor ihm.)*
Und Du schämst Dich nicht vor mir?
Bleibt man ganze Wochen aus,
Läuft man, just wann Gras zu schlagen,
Auf den Ferner, Renwild jagen,
Kommt zerrissen dann nach Haus,
Ohne Stutzen, ohne Bock, –
Um zum Schluß am hellerlichten
Mittag Mutter flugs ein Schock
Jägerlügen vorzudichten?
Also, wo hast Du 'n getroffen?

Peer Gynt.
Links vom Gendin.

Aase(*lacht spöttisch.*)
Hm! Aha!

Peer Gynt.
Kräftig blies der Wind von da;
Und so stand der Weg mir offen,
Mich durchs Holz hindurchzubirschen,
Hinter dem er grub –

Aase(*wie vorher.*) Ja, ja!

Peer Gynt.
Lautlos horchend, hör' ich seinen
Huf im harten Firnschnee knirschen,
Seh' vom einen Horn die Zacken,
Wind' mich durch Geröll und Wacken
Vorwärts, und, verdeckt von Steinen,
Seh' ich einen Prachtbock, – einen,
Wie man ihn seit Jahrer zehn,
Sag' ich Dir, hier nicht gesehn!

Aase.
Gott bewahre, nein!

Peer Gynt. Ein Knall!
Und den Bock zusammenbrennen!
Aber knapp, daß er zu Fall,
Sitz' ich auch schon rittlings droben,
Greif' ihm in sein linkes Ohr,
Reiß' mein Messer schon hervor,
Ihm's gerecht ins Blatt zu rennen; –
Hui! da hebt er an zu toben,
Springt, pardauz, auf alle Viere,
Wirft zurück sein Horngeäst,
Daß ich Dolch und Scheid' verliere,
Schraubt mich um die Lenden fest,
Stemmt 's Gestäng' mir an die Waden,
Klemmt mich ein wie mit 'ner Zang', –

Und so stürmt er, wutgeladen,
Just den Gendingrat entlang!

Aase(*unwillkürlich.*)
Jesus –!

Peer Gynt.
Mutter, hast Du den
Gendingrat einmal gesehn?
Wohl 'ne Meile läuft er drang
Hin, in Sensenrückenbreite.
Unter Firneis, Schuttmoränen,
Schnee, Geröll, Sand, kunterbunter,
Sieht Dein Aug' auf jeder Seite
Stumme, schwarze Wasser gähnen,
An die fünf-, die siebenzehn-
hundert Ellen rank hinunter.
Dort lang stoben pfeilgeschwind
Er und ich durch Wetter und Wind!
Nie ritt ich solch Rößlein, traun!
Unsrer wilden Fahrt entgegen
Schnob's wie Sonnenfunkenregen.
Adlerrücken schwammen braun
In dem schwindeltiefen Graun
Zwischen Grat und Wasserrande, –
Trieben dann davon wie Daun.
Treibeis brach und barst am Strande;
Doch sein Lärm ging ganz verloren;
Nur der Brandung Geister sprangen
Wie im Tanze, – sangen, schwangen
Sich im Reihn vor Aug' und Ohren!

Aase(*schwindlig.*)
O, Gott steh' mir bei!

Peer Gynt. Da stößt
Plötzlich, wie ein Stein sich löst,
Dicht vor uns ein Schneehuhn auf,
Flattert gackernd, aufgeschreckt,

Aus dem Spalt, der es versteckt,
Meinem Bock, bums! vor die Lichter.
Der verändert jach den Lauf –
Und mit einem Riesensatze
Nieder in den Höllentrichter!
(Aase wankt und greift nach einem Baumstamm. Peer Gynt fährt fort.)
Ob uns schwarzer Bergwand Fratze,
Nid uns bodenloser Dust! –
Durch zersplissne Nebelschichten
Erst, sodann durch einen dichten
Schwarm von Möwen, die, durchschnitten,
Kreischend auseinanderstritten, –
Nieder, nieder, nieder sauste es.
Aber aus der Tiefe grauste es
Weiß wie eine Renntierbrust. –
Mutter, das war unser eigen
Bild, das aus des Bergsees Schweigen
Tief vom Grund zum Spiegel eilte,
Umgekehrt, wie unser Sturz
Lotrecht auf ihn nieder pfeilte.

Aase*(schnappt nach Luft.)*
Peer! Gott helf' mir –! Mach' es kurz –!

Peer Gynt.
Bock vom Berge, Bock vom Grunde
Stieß zur selbigen Sekunde!
Das Gespritz' und das Geklatsche!
Na, da lag man in der Patsche. –
Nicht gar lang' dann, und wir fanden
Irgendwo 'nen Fleck, zu landen;
Er, er schwamm, und ich umschlang ihn, –
Und hier bin ich nun –

Aase. Und er?

Peer Gynt.
Hm, der springt wohl noch umher; –

(Schnalzt mit den Fingern, wippt sich auf den Hacken und fügt hinzu:)
Wenn Du 'n laufen siehst, so fang ihn!

Aase.
Daß Du nicht den Hals geknickt hast!
Und die Beine gleich dazu!
Ist Dein Rückgrat denn noch ganz?
Herrgott, – Lob und Dank, daß Du
Mir ihn wieder heim geschickt hast! –
Zwar die Hose hat ein Loch;
Doch davon ist nicht zu reden,
Denkt man, was weit Schlimmres noch
Sich bei so 'nem tollen Tanz –
(Besinnt sich plötzlich, sieht ihn mit offenem Mund und großen Augen an und kann lange keine Worte finden. Endlich stößt sie hervor:)
O, Du Teufelslügenschmied!
Kreuz noch 'n Mal! Solch ein Geflunker!
Was Du mir da singst – das Lied –
Als das aufkam – zu der Frist
Lief Dein Vater noch als Junker!
Gudbrand Glesne – dem –*dem* ist
Das geschehn, nicht Dir –!

Peer Gynt. Mir auch.
Solcherlei kann oft geschehen.

Aase*(giftig.)*
Ja, und Lügen kann man drehen,
Wenden und mit Putz benähen,
Bis von ihrem magren Bauch
Nichts vor Flicken mehr zu sehen.
Das hast*Du* zu Weg gebracht,
Alles wild und groß gemacht,
Ausstaffiert mit Adlerrücken
Und mit all den andern Nücken,
Abgestutzt und zugesetzt
Und mir so den Sinn verstört,

Daß man nicht mehr kennt zuletzt,
Was man hundertmal gehört.

Peer Gynt.
Sprâch' ein andrer solchen Quark,
Wollt' ich heillos grob ihm kommen!

Aase(*weinend.)*
Läg' ich doch im schwarzen Sarg!
Wär' ich, Gott, doch nie geboren!
Bitten, Tränen, nichts will frommen, –
Peer, Du bist und bleibst verloren!

Peer Gynt.
Liebes, süßes Muttchen mein,
Hast ja recht mit jedem Wort;
Sei nur wieder –

Aase. Scher' Dich fort!
Ist mir's möglich, froh zu sein,
Hab' ich solch ein Schwein zum Sohn?
Muß es mich nicht bitter schmerzen,
Wird mir armem Witwenherzen
Ewig Schande nur zum Lohn?
(Fängt wieder an zu weinen.)
Was verblieb uns, muß ich fragen,
Seit Großvaters Wohlstandstagen?
Wie hat sich der Wein verdünnt
Seit dem alten Rasmus Gynt!
Vater brachte 's Gold ins Rutschen,
Warf's hinaus wie Scheffel Sand,
Kaufte Grund im ganzen Land,
Karrte mit vergüldten Kutschen –.
Alles weg. Wo sind die Reste
Von dem großen Winterfeste,
Da sein Trinkglas männiglich
An die Wand warf hinter sich!

Peer Gynt.
Hm, wo blieb der letzte Schnee?

Aase.
Willst Du jetzt wohl schweigen, he!
Sieh den Hof an! Jedes zweite
Fenster ist verstopft mit Flicken,
Heck' und Zaun liegt auf der Seite,
Keiner will das Feld beschicken.
's Vieh steht da in Mansch und Matsch,
Jeden Monat wird gepfändet –

Peer Gynt.
Schweig doch, Alte, mit dem Quatsch!
Weil mal 's Glück den Rücken wendet,
Heißt's drum gleich: Und niemand sah's mehr?

Aase.
Nein; auf*dem* Fleck wächst kein Gras mehr.
Und Du*bist* doch was, Du Strick, –
Immer noch so keck und quick,
Schmuck und klug, wie, da der Pfaff, –
Der aus Kopenhagen, weißt Du, –
Dazumal Dich frug: Wie heißt Du?
Und, ob Deiner Antwort baff,
Sich verschwor, die schiene wert ihm
Eines Prinzen, – daß zum Dank
Vater Schlitten gleich samt Pferd ihm
Übern Tisch zu eigen trank.
Hei, da ging es lustig her!
Propst, Kap'tän, was drum und dran war,
Hing hier taglang, soff und fraß,
Bis kein Knopf am Wanst mehr saß.
Aber als dann Not an Mann war,
Ward's hier öde, still und leer.
"Scheffel-Jon", anjetzt Hausierer,
War nicht mehr ihr Pokulierer.
(Trocknet die Augen mit der Schürze.)

Ach, Du bist doch stark und groß, –
Solltest bessern Deiner alten
Armen Mutter elend Los,
Solltest Haus und Hof verwalten,
Daß Dein Erb' nicht ganz zerfällt –
(Weint von neuem.)
Statt daß ich mich an Dir halten
Könnt', verlumpst Du Zeit und Geld!
Hier verträumst Du und verdreckst Du
Dich mit in der Herdglut Wühlen;
Trittst Du in die Tanzsäl', schreckst Du
Alle Mädels von den Stühlen, –
Machst mir üb'rall Schand und Tränen,
Raufst Dich mit den ärgsten Hähnen –

Peer Gynt*(geht von ihr.)*
Laß mich sein.

Aase*(folgt ihm.)* Du bist am Ende
Nicht gewesen bei der letzten
Großen Schlägerei zu Lunde,
Wo sie sich wie tolle Hunde
Überfielen und zerfetzten?
Hast Du nicht Aslak, dem Schmied,
Der Dir damals in die Hände
Fiel, verrenkt die halbe Lende, –
Oder war's ein Fingerglied?

Peer Gynt.
Dämliches Gefabulier'!

Aase*(hitzig.)*
Häuslers Kari hörte 's Heulen!

Peer Gynt*(reibt sich den Ellenbogen.)*
Ja, doch das, das kam von mir.

Aase.
- Dir?

Peer Gynt.
Denn *ich* – bekam die Beulen.

Aase.
Was –?

Peer Gynt.
Der haut Dir, sag' ich Dir.

Aase.
Wer –?

Peer Gynt.
Na, wer! Den Aslak mein' ich.

Aase.
Pfui, o pfui! daß ich nicht spucke!
So 'ne alte Wirtshaushucke,
So ein Tagdieb, so ein dreister
Lügenschmied wird Deiner Meister?
(Weint wieder.)
Auch noch so was! Längst schon wein' ich
Mir die Augen aus; doch das,
Das geht wahrlich übern Spaß.
Haut er Dich, so frag' ich: haust
Du nicht auch 'ne gute Faust?

Peer Gynt.
Ob ich Amboß oder Hammer,
's bleibt dasselbichte Gejammer.
(Lacht.)
Tröst' Dich, Mutter –

Aase. Hätt'st Du wieder
Mal gelogen?

Peer Gynt. Diesmal, ja.
Schluck' die Tränen fröhlich nieder; –
(Ballt die linke Hand.)
Schau, – mit dieser Kneifzang' da
Hielt ich ihn, den ganzen Schmied, –

(Ballt die Rechte.)
Währenddie mein Hammer war –

Aase.
Raufbold, Du! Du gibst nicht Fried',
Bis ich nicht zur Grube fahr'!

Peer Gynt.
Nein, doch, Du bist Bessres wert,
Tausend Male Bessres, Du,
Kleine, böse, süße Mu,
Trau mir nur und wart' nur zu,
Bis Dich 's ganze Dorf noch ehrt,
Wart nur, bis ich was gemacht, –
Recht was Großes, gib nur acht!

Aase*(spöttisch.)*
Du!

Peer Gynt.
Was kommen kann, weiß keiner!

Aase.
Würd' Dir doch nur eins bewußt:
Daß*Du* mal den Riß in Deiner
Eignen Hose stopfen mußt.

Peer Gynt*(hitzig.)*
König, Kaiser will ich werden!

Aase.
Jetzt kutschiert ihm mit vier Pferden
Noch sein letzter Witzrest fort!

Peer Gynt.
Laß mir Zeit nur, – und ich bin's!

Aase.
Laß mir Zeit, so werd' ich Prinz,
Geht im Volk ein altes Wort!

Peer Gynt.
Wirst schon sehen!

Aase. Halt den Rand!
Bist ja völlig von Verstand. –
Übrigens, es hätt' wohl schon
Etwas aus uns werden mögen,
Wenn wir nur nicht, mein Herr Sohn,
Allzeit Schnacks und Schnurren pflögen!
Die von Haegstad war Dir gut.
Hättest leicht die Dirn' gewonnen,
Hätt'st Du's recht nur angesponnen –

Peer Gynt.
So?

Aase. Der Alte, schwachgemut,
Ist der Tochter wohl gesonnen.
Zwar er ist ein arger Bocker,
Doch die Ingrid läßt nicht locker,
Und, wo*sie* geht, Schritt für Schritt,
Stapft er endlich knurrend mit.
(Fängt wieder an zu weinen.)
Ach, mein Peer, ein steinreich Mädel, –
Eingesessner Bauernstamm!
Hättest Du mehr Witz im Schädel,
Gingst Du jetzt als Bräutigam –
Statt auf abgetretnen Sohlen!

Peer Gynt*(rasch.)*
Komm, ich will mir 's Jawort holen!

Aase.
Wo?

Peer Gynt.
Zu Haegstad!

Aase. Armer Peer,
Deine Freite hilft nichts mehr.

Peer Gynt.
Und warum?

Aase. Verdienst den Stock,
Wie Du Dir Dein Glück verdorben!

Peer Gynt.
Na?

Aase*(schluchzend.)*
Derweil Du dort vom Himmel
Niederkamst auf Deinem Bock,
Hat Matz Moen um sie geworben!

Peer Gynt.
Was? Die Weiberscheuch'! Wie kann –!

Aase.
Ja, die nimmt sie nun zum Mann.

Peer Gynt.
Wart' so lang, bis ich den Schimmel
Angespannt –
(Wendet sich zum Gehen.)

Aase. Spar' solch Gered'.
Wenn sie morgen Hochzeit feiern –

Peer Gynt.
Ist's heut nacht noch nicht zu spät!

Aase.
Schäm' Dich! Willst Du, daß sie Dir
Auch noch ihren Spott nachleiern?

Peer Gynt.
Pah! Man wird mir 's Feld schon räumen.
(Juchzt und lacht.)
Heißa, Du! Der Gaul bleibt hier;
's nimmt nur Zeit, ihn aufzuzäumen –
(Schwingt sie hoch empor.)

Aase.
Laß mich!

Peer Gynt. Nein, auf diesen Armen
Trag' ich Dich zum Hochzeitshaus!
(Watet in den Bach.)

Aase.
Hilfe! Lieber Gott, Erbarmen!
Wir ertrinken –

Peer Gynt. Nein, der Schmaus
Lockt den Teufel noch nicht –

Aase. Stimmt!
Weil er Dich gehängt erst nimmt.
(Rauft ihn an den Haaren.)
Untier, Du!

Peer Gynt. Na, gib jetzt Ruh';
Hier der Grund ist glitschrig.

Aase. Junge!
Esel!

Peer Gynt.
Brauch' Du nur die Zunge;
Wer ein Mann ist, lacht dazu.
So, das war die ärgste Müh' –

Aase.
Halt mich feste!

Peer Gynt. Hottehü!
Peer kommt auf dem Bock geritten; –
(Galoppierend.)
Ich bin Bock, und Du bist Peer!

Aase.
Ach, ich kenne mich nicht mehr!

Peer Gynt.
So, da wär' der Bach durchschritten; –

(Watet ans Land.)
Gib dem Bock jetzt einen Schmatz
Für den trocknen Fährenplatz –

Aase*(gibt ihm eine Ohrfeige.)*
Da! Da hast Du 's Fährgeld!

Peer Gynt. Au!
Das war lumpig, schöne Frau!

Aase.
Laß mich –

Peer Gynt. Erst vorm Hochzeitshause.
Stell' den alten Wiedehopf,
Gib dem Kerl 'ne kalte Brause,
Sag', Matz Moen ist ein Tropf –

Aase.
Laß mich los!

Peer Gynt. Und hinterher
Sag', was für ein Kerl Dein Peer!

Aase.
Ja, des kannst Du sicher sein!
Dir brock' ich 'ne Suppe ein;
Male Dich von vorn und hinten;
Alle Deine Schlich' und Finten
Sei'n den Leuten vorgesetzt –

Peer Gynt.
So?

Aase*(strampelt wütend mit den Beinen.)*
Solang' sperr' ich den Mund auf,
Bis der Bau'r zuletzt den Hund auf
Dich wie auf 'nen Stromer hetzt!

Peer Gynt.
Hm; so geh' ich halt alleine.

Aase.
Ja, doch ich hab auch zwei Beine!

Peer Gynt.
Aber nicht die Kraft dazu!

Aase.
Nicht? Ich bin so wilde, Du, –
Steine könnt' ich knacken, Steine!
Kiesel könnt' ich fressen, hu!
Laß mich los!

Peer Gynt. Du mußt geloben –

Aase.
Nichts! Du wirst schon sehen droben;
Wissen soll'n sie, wer Du bist!

Peer Gynt.
Nimm Dir Überlegungsfrist!

Aase.
Seine Hunde soll er hetzen –

Peer Gynt.
Darfst nicht mit.

Aase. Was willst Du tun?

Peer Gynt.
Dich aufs Mühlendach hier setzen.
(Setzt sie hinauf. Aase schreit.)

Aase.
Heb' mich 'nunter!

Peer Gynt. Willst Du ruhn –?

Aase.
Schnickschnack!

Peer Gynt. Muttchen, wüt' nicht mehr! –

Aase(*wirft ein Rasenstück nach ihm.)*
Heb mich stracks hinunter, Peer!

Peer Gynt.
's war ja so Dein eigner Wille.
(Näher.)
Sei nun klug und sitz fein stille!
Stoß' und stampf' nicht mit den Beinen,
Rück' und reiß' nicht an den Steinen,
Sonst, das singt Dir jede Grille,
Stürzt Du ab.

Aase. Du Gernegroß!

Peer Gynt.
Nicht so zappeln!

Aase. Daß Du bloß
Wärst als Wechselbalg verschollen!

Peer Gynt.
Schäm' Dich!

Aase. Pfui!

Peer Gynt. Du hättst mir lieber
Deinen Segen geben sollen.
Willst Du nicht?

Aase. Ich werd' Dich walken;
Du machst mir noch lang' nicht bang!

Peer Gynt.
Leb' denn wohl! Ich bleib' nicht lang'.
Halt Dich brav auf Deinem Balken!
(Geht, wendet sich jedoch noch einmal um, hebt mahnend den Finger und sagt:)
Also, bloß kein Zappelfieber!
(Ab.)

Aase.
Peer! – Gott steh' mir bei, da rennt er!
Böckereiter! Lügenprinz!

Willst Du hören! – Nein, da brennt er
Durch –!
(Schreiend.)
Zu Hilf'! Ich krieg' das Drehn!

*(**Zwei alte Weiber** mit Säcken auf dem Rücken kommen den Weg herab nach der Mühle.)*

Erstes altes Weib.
Kreuz; wer schreit da?

Aase. Ich, ich bin's!

Zweites altes Weib.
Aase! Schau', – so hoch gestiegen?

Aase.
Pah; hier ist nicht viel zu sehn; –
Bald werd' ich gen Himmel fliegen!

Erstes altes Weib.
Glück zur Reise!

Aase. Holt 'ne Leiter
Ich will 'runter! Dieser Peer –!

Zweites altes Weib.
Euer Sohn?

Aase. Jetzt mögt Ihr weiter
Sagen, was der anstellt, der – –

Erstes altes Weib.
Gerne.

Aase. Helft mir bloß hinunter;
Denn ich muß nach Haegstad machen.

Zweites altes Weib.
Ist er dort?

Erstes altes Weib.
So könnt Ihr lachen;
Denn da duckt der Schmied ihn unter.

Aase *(ringt die Hände.)*
Gott, o Gott, was soll geschehn,
Wenn sie ihm ans Leben gehn!

Erstes altes Weib.
Ja, der Tod hat lange Beine.
Will er wen, dem hilft kein Flitzen!

Zweites altes Weib.
Je, sie fährt schier aus der Haut!
(Ruft nach oben.)
Ejvind, Anders! Kommt und schaut!

Eine Männerstimme.
Was ist los?

Zweites altes Weib.
Peer Gynt hat seine
Mutter auf dem Mühldach sitzen!

Eine kleine Anhöhe mit Büschen und Heidekraut.)

(Hinten, durch einen Zaun getrennt, führt die Straße vorüber. ***Peer Gynt*** *kommt einen Fußsteig herauf, geht rasch auf den Zaun zu, bleibt stehen und blickt hinaus, wo die Aussicht sich öffnet.)*

Peer Gynt.
Dort liegt Haegstad. Bald werd' ich's haben.
(Steigt halb über; dann bedenkt er sich.)
Ob wohl die Ingrid allein ist, wer weiß?
(Beschattet sich die Augen und lugt in die Weite.)
Nein. Dort wimmelt's von Leuten mit Gaben. –
Hm! Am schlausten, ich tät' mich drücken!
(Zieht das Bein wieder an sich.)
Allweil da grienen sie dir hinterm Rücken
Und zischeln, – es wird einem kalt und heiß.
(Macht einige Schritte vom Zaun hinweg und reißt gedankenlos Laub ab.)
Wer jetzt was Starkes zum Heizen hätt'!
Oder wer da hingehn könnt' unbemerkt –

Oder unbekannt wär'. – Irgendwas, das recht stärkt,
Wär' am besten, – daß der Spott nicht so beizen tät'!

(Sieht sich mit einem Mal wie erschrocken nach allen Seiten um und versteckt sich darauf im Gebüsch. ***Einige Leute*** *mit Kostgaben gehen vorbei nach dem Hochzeitshof hinunter.)*

Ein Mann*(im Gespräch.)*
Sein Vater war ein Saufbold, seine Mutter hat's im Kopf.

Ein Weib.
Dann wundert man sich, daß der Bursch' solch ein Tropf!

(Die Leute gehen weiter. Bald darauf kommt Peer Gynt hervor und guckt ihnen mit schamrotem Gesichte nach.)

Peer Gynt*(leise.)*
Was, hat das von mir geschnackt?
(Mit einer gezwungenen Geberde.)
Ach, laß sie schnacken!
Sie könn'n mir ja doch wohl den Kopf nicht abhacken.
(Wirft sich nieder ins Heidekraut, liegt lange auf dem Rücken, die Hände unterm Kopf, und starrt ins Blaue.)
So 'ne schnurrige Wolke! Genau wie ein Pferd!
Und ein Mann ist auch drauf – und Sattel – und Zügel. –
Dahinter reitet 'ne Hex' auf 'nem Prügel.
(Lacht leise in sich hinein.)
Das ist Mutter, die jammert und aufbegehrt:
Peer! Biest! – –
(Schließt nach und nach die Augen.)
Nun bangt ihr! – Voran seinem Trosse
Reitet Peer Gynt auf goldhufigem Rosse.

Die Mähr' hat 'nen Federbusch zwischen den Ohren.
Selbst hat er Handschuh' und Säbel und Sporen.

Der Mantel ist lang und mit Taft ausgeschlagen.
Wacker sind die, die hinter ihm jagen.

Er aber sitzt doch am stracksten zu Pferde,
Er aber strahlt doch am hellsten zur Erde.

Drunten die Leut' stehn, ein schwarzes Gewimmel,
Ziehen die Hüt' ab und gaffen gen Himmel.

Die Weiber verneigen sich. Alle gewahren
Kaiser Peer Gynt und seine Heerscharen.

Nickel und Silber, ein blankes Geriesel,
Streut er hinunter wie Hände voll Kiesel

Allen im Dorf geht's von nun an zum besten.
Peer Gynt sprengt quer übers Meer gen Westen.

Engellands Prinz steht und wartet am Strande;
Mit ihm alle Schönen von Engellande.

Engellands Kaiser und Engellands Barone
Steigen die Stufen herab vom Throne.

Der Kaiser nimmt seine Kron' ab und sagt –

Der Schmied*(zu einigen anderen Leuten, mit denen er jenseits des Zaunes vorüberkommt.)*
Sieh da; Peer Gynt, das betrunkene Schwein –!

Peer Gynt*(fährt halb in die Höhe.)*
Wie, Kaiser –!

Der Schmied*(lehnt sich an den Zaun und grient.)*
Willst Du nicht aufstehn? Nein?

Peer Gynt.
Was Teufel! Der Schmied! Was willst Du hier, he?

Der Schmied*(zu den anderen.)*
Von Lunde der Tanz sitzt ihm noch in den Knochen.

Peer Gynt*(springt auf.)*
Schmied, geh im Guten!

Der Schmied. Geh schon, geh.
Doch, Kerl, wo warst Du die letzten sechs Wochen?
Warst bergverhext? Oder was hast Du gemacht?

Peer Gynt.
Ich hab', Schmied, dir gar seltsame Taten vollbracht!

Der Schmied*(zwinkert den anderen zu.)*
Laß uns hören, Peer!

Peer Gynt. Dahin ist's noch weit.

Der Schmied*(nach einer kleinen Weile.)*
Du willst wohl nach Haegstad?

Peer Gynt. Nein.

Der Schmied. Eine Zeit,
Da hieß es, die Dirn dort, die wär' Dir nicht leid.

Peer Gynt.
Du Kolkrabe –!

Der Schmied*(weicht etwas zurück.)*
Immer härm' Dich nicht, Peer;
Hat Dich Ingrid verschmäht, – es gibt ja noch mehr.
Der Sohn von Jon Gynt; pah! Der treibt sie zu Paaren!
Du findest dort Lämmlein wie Witwen von Jahren –

Peer Gynt.
Zur Hölle –!

Der Schmied. Da wird Dich schon eine wählen. –
Guten Abend! Ich werd' Dich der Braut empfehlen. –
(Sie gehen unter Lachen und Geflüster ab.)

Peer Gynt*(sieht ihnen eine Weile nach, macht eine wegwerfende Bewegung und wendet sich halb um.)*
Meinthalben teilt die Haegstad ihr Bette,
Mit wem sie Lust hat. Was mich das schiert!
(Sieht an sich hinunter.)
Die Hosen zerrissen. Zerlumpt, beschmiert. –
Wer bloß was Neues zum Wechseln hätte!
(Stampft auf den Boden.)
Könnt' ich mit einem Schlachtergriff
Ihnen die Mißachtung aus der Brust reißen!

(Sieht sich plötzlich um.)
Was war das? War das nicht eben ein Pfiff?
Als möcht' sich ein Mensch da sein Lachen verbeißen?
Ich will heim zu Muttern.
(Geht, bleibt aber wieder stehen und horcht nach dem Hochzeitshof hinunter.)
Da fängt der Tanz an!
(Starrt und horcht; geht Schritt um Schritt wieder zurück; seine Augen leuchten; er reibt sich die Beine.)
Dies Gewimmel von Mädels! Sieben, acht auf den Mann.
Ah, Tod und Teufel auch, – wen das nicht lockte! –
Wenn Mutter nur nicht auf dem Mühldach hockte –!
(Seine Blicke werden wieder hinabgezogen; er hüpft und lacht.)
Heißa, der Hallingtanz tollt über die Wiese!
Ja, ja, der Guttorm geigt die Waden in Gang!
Das stampft und das braust wie ein Sturzbach am Hang.
Und dann all diese schimmernden Mädels! Diese
Mädels! Zum Henker! Wer da nun noch stockte!
(Setzt mit einem Sprung über den Zaun und den Weg hinunter.)

(Der Hofplatz auf Haegstad.)

---

*(Im Hintergrund das Wohnhaus. **Viele Gäste.** Auf dem Wiesenplan wird lebhaft weiter getanzt. **Der Spielmann** sitzt auf einem Tisch. **Der Küchenmeister** steht in der Tür. **Kuchenweiber** eilen zwischen den Gebäuden hin und her, **ältere Leute** sitzen hier und dort im Gespräch zusammen.)*

Eine Frau*(nimmt Platz in einer Gruppe, die auf einigen Balken sitzt.)*
Die Braut? Ach Gott, das bißchen Gewein',
Das macht nichts; so tun alle Bräute.

Der Küchenmeister*(in einem andern Haufen.)*
Da habt Ihr zu trinken, gute Leute!

Ein Mann.
Du meinst es zu gut; Du schenkst zu oft ein.

Ein Bursche*(zum Spielmann, während er, ein Mädel an der Hand, vorbeifliegt.)*
Heißa, Guttorm, in die Fiedel gewettert!

Das Mädel.
Streich, daß es über die Wiesen hinschmettert!

Mädels(*im Kreis um einen Burschen, der tanzt.*)
Fein war der Sprung!

Ein Mädel. Seine Knie' haben's weg!

Der Bursche(*tanzend.*)
Hier ist's weit bis zur Wand und noch weiter bis zur Deck'!

Der Bräutigam(*nähert sich greinend dem Vater, der im Gespräch mit ein paar anderen steht, und zieht ihn an der Jacke.*)
Sie will nicht, Vater; sie ist so voll Trotz.

Der Vater.
Sie will nicht?

Der Bräutigam.
Sie hat sich eingeschlossen.

Der Vater.
So find' den Schlüssel, und werd' nicht zum Possen!

Der Bräutigam.
Wo soll ich ihn finden!

Der Vater. Du bist ein Klotz!
(*Wendet sich wieder zu den anderen. Der Bräutigam trollt über den Hof ab.*)

Ein Bursche(*hinter dem Haus hervor.*)
Mädels! Juchheißa! 's wird immer feiner!
Peer Gynt kommt!

Der Schmied,(*der eben dazugetreten ist.*)
Wer hat ihn gebeten?

Der Küchenmeister. Keiner.
(*Aufs Haus zu ab.*)

Der Schmied(*zu den Mädels.*)
Spricht er Euch an, so laßt mir ihn stehn!

Ein Mädel*(zu den anderen.)*
Wir tun, als hätten wir 'n nie gesehn.

Peer Gynt*(kommt erhitzt und voller Leben daher, bleibt mitten vor dem Schwarme stehen und klatscht in die Hände.)*
Wer ist die Flinkste von Euch zum Drehn?

Eine Einzelne,*(der er sich nähert.)*
Ich nicht.

Eine Andere*(ebenso.)*
Ich auch nicht.

Eine Dritte. Ich? Nicht um die Welt!

Peer Gynt*(zu einer vierten.)*
So komm denn Du, bis 'ne bessre sich stellt.

Das Mädel*(kehrt sich ab.)*
Hab' keine Zeit.

Peer Gynt*(zu einer fünften.)*
Na, denn Du!

Das Mädel,*(sich zum Gehen anschickend.)*
Muß nach Haus

Peer Gynt.
Heut Abend? Du bist wohl ganz von Verstand?

Der Schmied*(gleich darauf, halblaut zu Peer.)*
Da reicht sie 'nem alten Trottel die Hand.

Peer Gynt*(wendet sich rasch an einen älteren Mann.)*
Wo ist eine frei hier?

Der Mann. Find' sie heraus.
(Geht von ihm fort.)

*(**Peer Gynt** ist mit einem Male still geworden. Er blickt verstohlen und scheu auf die Gruppe. Alle sehen auf ihn, aber niemand spricht. Er nähert sich anderen Gruppen. Wohin er kommt, wird es stumm; sobald er sich wieder entfernt, lächelt man und blickt ihm nach.)*

Peer Gynt*(leise.)*
Höhnische Blicke; Gedanken wie Pfeile.
Das zischelt, wie Sägblätter unter der Feile!

(Er drückt sich den Zaun entlang. ***Solvejg,*** *mit* ***klein Helga*** *an der Hand, betritt den Hof, begleitet von ihren* ***Eltern.****)*

Ein Mann*(zu einem andern in der Nähe von Peer Gynt.)*
Die sind zugewandert.

Der Andere. Die Leute da?

Der Erste.
Jawohl, vom Westen her.

Der Andere. Richtig! ja.

Peer Gynt*(vertritt den Kommenden den Weg, zeigt auf Solvejg und fragt den Mann.)*
Darf ich einen Tanz tun mit der Tochter von Dir?

Der Mann*(mit sanfter Stimme.)*
Gern; aber erst will der Wirt drin begrüßt sein!
(Sie gehen ins Haus.)

Der Küchenmeister*(zu Peer Gynt, indem er ihm den Krug anbietet.)*
Bist Du schon hier, soll Dir 's Leben auch versüßt sein!

Peer Gynt*(unverwandt den Gehenden nachblickend.)*
Nein; ich will tanzen. Schönen Dank für Dein Bier.
(Der Küchenmeister geht weiter. Peer Gynt blickt aufs Haus und lacht.)
So 'ne saubere Dirn! So schmuck, – nicht zu sagen!
Und wie sie hinab auf ihr Brusttuch geschielt –!
Und wie sie an Mutters Schürze sich hielt,
Und 's Gesangbuch trug, in ein Tüchel geschlagen –!
Ich muß sehn nach dem Mädel.
(Will ins Haus.)

Ein Bursche*(kommt mit mehreren anderen aus dem Hause heraus.)*
Peer, gehst Du schon
Vom Tanz weg?

Peer Gynt. Nein.

Der Bursche. Also lauf nicht davon!
(Faßt ihn an der Schulter, um ihn umzudrehen.)

Peer Gynt.
Laß mich vorbei!

Der Bursche. Bist Du bang vor dem Schmied?

Peer Gynt.
Ich bang?

Der Bursche.
Daß Dir wieder wie auf Lunde geschieht?
(Die Burschen lachen und gehen nach dem Tanzplatz.)

Solvejg(*in der Tür.)*
Wolltest nicht*Du* mit mir tanzen vorhinnen?

Peer Gynt.
Jawohl wollt' ich das; kannst Dich nimmer besinnen?
(Faßt sie bei der Hand.)
Komm!

Solvejg. Doch, sagt Mutter, nicht lang! Nicht wahr?

Peer Gynt.
Sagt Mutter? Bist Du vom vorigen Jahr?

Solvejg.
Du machst Dich lustig –!

Peer Gynt. Du bist doch aufs Haar
Schon erwachsen?

Solvejg. Im Mai war ich am Altar.

Peer Gynt.
Wie heißt Du denn, – daß wir bekannter werden?

Solvejg.
Ich heiße Solvejg. – Und wie heißt Du?

Peer Gynt.
Peer Gynt.

Solvejg(*entzieht ihm die Hand.*)
O, Heiland!

Peer Gynt. Was ist denn nu –?

Solvejg.
Mein Strumpfband macht mir solche Beschwerden.
(*Geht von ihm.*)

Der Bräutigam(*zieht seine Mutter am Kleid.*)
Mutter, sie will nicht –!

Die Mutter. Will nicht? Was?

Der Bräutigam.
Sie will nicht!

Die Mutter. Was denn?

Der Bräutigam. Den Schlüssel umdrehn.

Der Vater(*leise und gereizt.*)
Du solltest im Stall an der Krippe stehn.

Die Mutter.
Er wird sich schon machen, – laß nur, laß!
(*Sie gehen nach hinten.*)

Ein Bursche,(*der mit einem ganzen Schwarm vom Tanzplatz herkommt.*)
Ein Schluck Branntwein gefällig, Peer?

Peer Gynt. Nein!

Der Bursche. Bloß ein Schluck!

Peer Gynt(*sieht ihn finster an.*)
Hast Du welchen?

Der Bursche. 'nen ziemlichen Posten.
(*Zieht eine Flasche hervor und trinkt.*)
Ah! wie das durchputzt! – Na?

Peer Gynt. Laß mich kosten.
(*Trinkt.*)

Ein Anderer.
Nu machst Du auch noch bei mir einen Gluck.

Peer Gynt.
Nein!

Derselbe.
Ah! Wirst Dich nicht gleich bezopfen.
Immer trink, Peer!

Peer Gynt. So gib mir 'nen Tropfen.
(Trinkt wiederum.)

Ein Mädel*(halblaut.)*
Kommt, laßt uns gehn!

Peer Gynt. Bist Du bang vor mir?

Ein dritter Bursche. Wer
Wär' es vor Dir*nicht?*

Ein vierter Bursche. Auf Lunde drüben
Sahn wir ja jüngst Deine Künste Dich üben.

Peer Gynt.
Wenn ich erst einmal losleg', dann kann ich noch mehr.

Erster Bursche*(flüsternd.)*
Jetzt kommt er in Zug.

Mehrere,*(einen Kreis um ihn bildend.)*
Zähl' her; zähl' her!
Was kannst Du?

Peer Gynt. Morgen –!

Andere. Nein, heut schon, Peer!

Ein Mädel.
Kannst Du hexen?

Peer Gynt. Ich kann den Teufel beschwören.

Ein Mann.
Dazu kannt' Großmutter schon den Text.

Peer Gynt.
Lügner! Woher, das möcht' ich bloß hören!
Ich hab' ihn einmal in 'ne Walnuß gehext, –
Die war wurmstichtig, seht Ihr!

Mehrere*(lachend.)* Das läßt sich denken!

Peer Gynt.
Er flucht' euch und flennt' euch und wollte mir schenken,
Was immer ich mocht' –

Einer. Aber hinein mußt' er doch?

Peer Gynt.
Das mußt' er. Und dann verstopft' ich das Loch.
Hei! Wie er da drinnen nun surrte und summte!

Ein Mädel.
Nein, so was!

Peer Gynt. Als ob eine Hummel drin brummte!

Ein Mädel.
Hast Du ihn noch in der Nuß?

Peer Gynt. Nein, nein.
Jetzt ist er längst über Stock und Stein.
Der Kerl ist dran schuld, daß der Schmied mich nicht mag.

Ein Bursche.
Wie das?

Peer Gynt. Ich geh' nach der Schmied' hin und sag',
Er soll mir doch mal die Nußschal' aufknacken.
Soll geschehn! sagt Aslak und kriegt sie zu packen, –
Doch er faßt auch gleich alles so harthändig an –
Und kommt euch nicht aus ohne Hammerschlag –

Eine Stimme aus dem Haufen.
Erschlug er den Teufel?

Peer Gynt. Er schlug wie ein Mann.
Der Teufel aber fuhr wie ein Brand
Quer durchs Dach und zerspliß die Wand.

Mehrere.
Und der Schmied –?

Peer Gynt. Stand da mit versengten Händen.
Seit damals hat's zwischen uns sein Bewenden.

(Allgemeines Gelächter.)

Einige.
Nicht schlecht!

Andere. Bald die beste von seinen Geschichten!

Peer Gynt.
Glaubt Ihr, ich dicht' was zusammen?

Ein Mann. Du dichten?
Ach nein; wir kennen seit uralten Zeiten
Das meiste –

Peer Gynt. Ihr lügt! Das ist*mir* passiert.

Der Mann.
Wie alles.

Peer Gynt. Wer kann durch die Luft hinreiten,
Ohne daß er die Steigbügel verliert?
Ich kann's und kann mehr! Ihr wagt's zu bestreiten?

(Gelächtersalve.)

Einer in der Menge.
Peer, reit durch die Luft!

Viele. Ach, Peer, tu's doch bloß!

Peer Gynt.
Ja, spielt nur mit dem Feuer und bettelt noch groß!
Und ich reit' wie ein Wetter hin über Euch allen!
Der ganze Kreis soll zu Füßen mir fallen!

Ein älterer Mann.
Jetzt ist er übergeschnappt!

Ein Anderer Mann. Das Schaf!

Ein dritter Mann.
Der Prahlhans!

Ein vierter Mann.
Der Lügner!

Peer Gynt*(droht ihnen.)* Ja, wartet nur brav!

Ein Mann*(halbbetrunken.)*
Ja, wart' nur, wir kriegen Dich schon noch am Kragen!

Mehrere.
Und werden Dir's Fell gerben und ein Auge blau schlagen!
(Der Schwarm zerstreut sich, die Älteren in zorniger Erregung, die Jüngeren unter Spott und Gelächter.)

Der Bräutigam*(dicht an ihn herantretend.)*
Du kannst durch die Luft reiten, Peer, ist das wahr?

Peer Gynt*(kurz.)*
Ja, Matz. Wie Du willst, galoppier' oder trab' ich.

Der Bräutigam.
Und hast auch den Rock, der da macht unsichtbar?

Peer Gynt.
Den Hut, willst Du sagen, – jawohl, den hab' ich.
(Wendet sich von ihm ab. Solvejg geht über den Hofplatz, Helga an der Hand.)

Peer Gynt*(ihnen entgegen, leuchtenden Auges.)*
Solvejg! Ach, das ist schön, daß sie da ist!
(Faßt sie ums Handgelenk.)
Jetzt will ich drehn Dich, was Mutter auch schilt.

Solvejg.
Laß mich!

Peer Gynt. Warum denn?

Solvejg. Du bist so wild.

Peer Gynt.
Auch der Renbock ist wild, wenn der Sommer nah ist.
Komm und sei nicht so halsstarrig, Kind!

Solvejg(*zieht den Arm an sich.*)
Darf nicht.

Peer Gynt. Warum nicht?

Solvejg. Du hast getrunken.
(Geht mit Helga weiter.)

Peer Gynt.
's Messer müßt' man diesen Halunken
Durch den Leib rennen, – wie sie da sind!

Der Bräutigam(*pufft ihn mit dem Ellenbogen.*)
Kannst Du mich nicht zur Braut hineinbringen?

Peer Gynt(*zerstreut.*)
Zur Braut? Wo ist die?

Der Bräutigam. Im Blockhaus.

Peer Gynt. So, so.

Der Bräutigam.
Könnt'st Du's, ich wär' ja so seelenfroh.

Peer Gynt.
Nein, mir träumt jetzt von anderen Dingen.
(Ein Gedanke blitzt in ihm auf; er sagt leise und heftig.)
Ingrid im Blockhaus!
(Nähert sich Solvejg.)
Je,*das* Gesicht!
(Solvejg will gehen; er vertritt ihr den Weg.)
Du schämst Dich, weil ich wie 'n Lump angezogen.

Solvejg(*hastig.*)
Das ist nicht wahr, nein, das bist Du nicht!

Peer Gynt.
Ich bin auch nicht ganz mehr im Gleichgewicht.
Aber das war aus Trotz; denn Du hatt'st mich betrogen.
Na, komm jetzt!

Solvejg. Ich darf nicht, und wenn ich schon mag.

Peer Gynt.
Vor wem bist Du bang?

Solvejg. Meist vor Vater.

Peer Gynt. Puh!
Der ist wohl von diesen stillen Christen,
Läßt die Ohren hängen? Was? Hab' ich recht? Sag'!

Solvejg.
Was soll ich sagen?

Peer Gynt. Ihr seid Pietisten?
Der Vater, nicht? – und auch Mutter und Du?
Na, kannst Du nicht reden?

Solvejg. Laß mich in Ruh'.

Peer Gynt.
Nein!
(Mit gedämpfter Stimme, aber heftig und schreckend.)
Du, ich verwandel' mich in einen Troll!
Ich komm' an Dein Bett heut, wenn Mitternacht voll.
Hörst Du dann ein Geschab' und Gekratze,
So denk nur nicht etwa, das wär' bloß die Katze.
Da komm' ich und trink' ich Dein Blut wie ein Mahr;
Und Dein Schwesterlein fress' ich mit Haut und mit Haar;
Ja, denn Du mußt wissen, ich bin Werwolf bei Nacht; –
Ich beiß' Dich in Lenden und Rücken und Mark – –
(Schlägt plötzlich einen andern Ton an und bittet wie in Angst.)
Tanz' mit mir, Solvejg!

Solvejg*(sieht ihn finster an.)*
Jetzt warst Du arg.

(Ab ins Haus.)

Der Bräutigam*(kommt wieder des Wegs.)*
Ich schenk' Dir ein Rind, wenn Du kommst!

Peer Gynt. Abgemacht!

(Sie verschwinden hinter dem Hause. Im selben Augenblick kommt ein großer Haufe Volks vom Tanzplatz her; die meisten sind betrunken. Lärm und Aufregung. Solvejg, Helga und ihre Eltern zeigen sich mit einer Anzahl älterer Leute in der Türe.)

Der Küchenmeister*(zum Schmied, der der vorderste im Haufen ist.)*
Halt' Frieden!

Der Schmied*(zieht die Jacke aus.)*
Nein, jetzt wird's zum Austrag gebracht.
Peer Gynt oder ich soll am Platz hier bleiben!

Einige.
Ja, laßt sie sich raufen!

Andere. Nein, bloß sich reiben!

Der Schmied.
Die Faust muß hier reden; Worte sind Quark.

Solvejgs Vater.
Beherrsch' Dich, Mann!

Helga*(zur Mutter.)* Sag', woll'n sie ihn schlagen?

Ein Bursche.
Wir woll'n lieber unser Spiel mit ihm treiben!

Ein anderer Bursche.
Ins Gesicht ihm spucken!

Ein dritter Bursche. Vom Hof ihn jagen!

Ein vierter Bursche*(zum Schmied.)*
Steckst Du's auf, Schmied?

Der Schmied*(wirft die Jacke ab.)*
Die Schindmähre wird geschlachtet!

Solvejgs Mutter*(zu Solvejg.)*
Da siehst Du's, so wird der Fant hier geachtet.

Aase*(kommt mit einem Stecken in der Hand.)*
Wo ist mein Sohn? Jetzt krieg' er's, der Schuft!
Ha, wie inbrünstiglich will ich ihn prügeln!

Der Schmied*(krempt die Hemdsärmel auf.)*
Für so ein Fell ist ein Stecken Luft.

Einige.
Der Schmied will ihn prügeln!

Andere. Bügeln!

Der Schmied *(spuckt in die Hände und nickt Aase zu.)*
Beflügeln!

Aase.
Was! Peeren? Versuch's nur, so sollst Du sehn –!
Aase und ich haben Krallen und Zähn'!
Wo ist er?
(Ruft über den Platz hin.)
Peer!

Der Bräutigam *(kommt gelaufen.)*
's ist um umzukommen!
He, Vater, Mutter –!

Der Vater. Was ist im Werk?

Der Bräutigam.
Peer Gynt, denkt –!

Aase *(schreit.)* Habt Ihr ihm 's Leben genommen?

Der Bräutigam.
Nein, Peer Gynt –! Seht dorthin, auf den Berg –!

Die Menge.
Mit der Braut!

Aase *(läßt den Stock sinken.)*
Das Luder!

Der Schmied *(wie aus den Wolken gefallen.)*
Im schroffsten Gestein
Klettert der Kerl wie ein Geißbock hinauf.

Der Bräutigam *(weinend.)*
Er trägt sie, Mutter, wie ein Bär ein Schwein!

Aase *(droht hinauf zu ihm.)*
O, daß Du herabfielst –!
(Schreit in Angst auf.)
Tritt vorsichtig auf!

Der Hägstadbauer*(kommt barhäuptig und weiß vor Zorn.)*
Ich dreh' ihm den Hals um für diesen Raub!

Aase.
Gott straf' mich, wenn ich Euch das erlaub'!

ZWEITER AKT

(Ein schmaler Steig hoch oben im Gebirge. Es ist früher Morgen.)

*(**Peer Gynt** geht eilig und unwillig den Steig entlang. **Ingrid,** halb in Brautputz, sucht ihn zurückzuhalten.)*

Peer Gynt.
Geh!

Ingrid*(weinend.)*
Nach all dem, was geschehen!
Und wohin?

Peer Gynt. Was kümmert's mich!

Ingrid*(ringt die Hände.)*
Welch ein Treubruch!

Peer Gynt. Statt zu schmähen,
Wandre Deines Wegs wie ich!

Ingrid.
Unsre Schuld muß uns vereinen!

Peer Gynt.
Daß die Pest auf all das falle!
Hol' die Pest Euch Weiber alle – –
Außer einer –!

Ingrid. Welcher einen?

Peer Gynt.
Du bist's schwerlich.

Ingrid. Also wer?

Peer Gynt.
Geh! Geh wieder heim, woher
Du gekommen bist!

Ingrid. Ach Peer –!

Peer Gynt.
Schweig!

Ingrid. Du kannst unmöglich meinen,
Was Du redest.

Peer Gynt. Kann ich doch!

Ingrid.
Erst verführen, – dann erkalten!

Peer Gynt.
Und was hast Du, mich zu halten?

Ingrid.
Haegstad und manch andres noch.

Peer Gynt.
Hast Du ein Gesangbuch? Trägst Du
Goldhaar über Hals und Mieder?
Hältst Du Mutters Schürze? Schlägst Du
Fromm den Blick zur Erde nieder?

Ingrid.
Ich –?

Peer Gynt.
Bist Du vor hundert Tagen
Am Altar gewesen?

Ingrid. Nein –

Peer Gynt.
Kann Dein Auge züchtig sein?
Kannst Du mir 'ne Bitt' abschlagen?

Ingrid.
Peer, bist Du von Sinnen, he?

Peer Gynt.
Wird der, der Dich ansieht, rein?
Sag'!

Ingrid. Nein, aber –

Peer Gynt. Also geh!
(Will gehen.)

Ingrid*(vertritt ihm den Weg.)*
Weißt Du, daß Dir das den Kopf
Kosten kann?

Peer Gynt. Und wenn's auch wäre!

Ingrid.
Geld und Gut wird Dein und Ehre,
Bleibst Du treu!

Peer Gynt. Ich wär' ein Tropf!

Ingrid*(bricht in Tränen aus.)*
Du betrogst mich –!

Peer Gynt. Du warst willig.

Ingrid.
Trostlos war ich!

Peer Gynt. Ich war toll.

Ingrid*(drohend.)*
Doch Du zahlst den Preis mir voll!

Peer Gynt.
Hier ist jeder Preis noch billig.

Ingrid.
Also nicht?

Peer Gynt. Komm mir nicht nah!

Ingrid.
Gut! Du spürst noch meine Kralle!
(Steigt hinab.)

Peer Gynt*(schweigt eine Weile; auf einmal schreit er:)*
Daß die Pest auf all das falle!
Hol' die Pest Euch Weiber alle!

Ingrid*(wendet den Kopf und ruft höhnisch herauf:)*
Außer*einer!*

Peer Gynt.*Einer;* ja.
(Ab, ein jedes seines Wegs.)

(Bei einem Gebirgssee.)

(Der Boden ringsum ist weich und sumpfig. Ein Unwetter zieht auf. ***Aase,*** *verzweifelt, ruft und sieht sich um nach allen Seiten.* ***Solvejg*** *hat Mühe, mit ihr Schritt zu halten.* ***Ihre Eltern*** *und* ***Helga*** *ein Stück dahinter.)*

Aase*(ficht mit den Armen und rauft sich das Haar.)*
Alles ist wider mich eifernd im Werk –
Himmel und Wasser und Wald und Berg!
Der Nebel möcht' am liebsten ein Brett werden,
Der tückische Bergsee sein Totenbett werden,
Die Felswand ihn mit Steinschlag begraben!
Und gar die Menschen! Wenn die ihn erst haben!
Sie soll'n ihm nur an! Ich kann ihn nicht entbehren!
Mußt' ihn der Teufel auch das just lehren!
(Wendet sich zu Solvejg.)
Ist es denn mögıich! Das ist mein Sohn? –

Er, der nichts konnt' als lügen und drohn,
Er, dessen Maul seine einzige Kraft, –
Er, der noch nie was Rechtes geschafft, –
Er –! Was soll man da? Weinen oder lachen?
O, wir zwei hatten was durchzumachen!
Denn wie Du wissen mußt, trank mein Mann,
Fuhr rings umher und gab Torheiten an;
's Geld flog hinaus; mehr und mehr ging's uns schlecht.
Derweil' sind wir zwei denn daheim gesessen
Und haben gesucht, den Jammer zu vergessen;
Denn Widerstand leisten, das konnt' ich nie recht.
Dem Schicksal ins Aug' schaun, das ist kein Vergnügen;
Und man will doch auch mal seiner Sorgen bloß werden
Und die bösen Gedanken von Zeit zu Zeit loswerden.
Der eine braucht Branntwein, der andre braucht Lügen;
Na ja! Und so verfielen denn wir
Auf Prinzen und Trollspuk und allerhand Getier.
Auch Brautraub kam vor. Doch, frag' ich, wer denkt,
Daß so was in solch einem Burschen festhängt.
(Wieder voll Furcht.)
Hu, was schrie dort! Ein Draug oder Zwerg!
Peer! – – Peer! – – Dort oben auf dem Berg –!

(Sie läuft eine kleine Anhöhe hinauf und sieht über den See hin. ***Solvejgs Eltern*** *mit* ***Helga*** *kommen dazu.)*

Aase.
Nichts zu sehn auf dem ganzen Kamm!

Der Mann*(nachdenklich.)*
Schlimm für ihn.

Aase*(weinend.)* Mein verloren Lamm!

Der Mann*(nickt mild.)*
Jawohl. Verloren.

Aase. Nein, red' nicht so!
Er ist ein Kerl! Da wär' mancher froh –!

Der Mann.
Du Törin!

Aase. Mag ich Dir eine gelten!
Doch meinen Jungen, den lass' ich nicht schelten.

Der Mann(*immer gedämpften Tones und mit milden Augen.*)
Er ist verloren; sein Herz ward zu Stein.

Aase(*angstvoll.*)
Nein doch! So hart wird der Herrgott nicht sein!

Der Mann.
Kann er vielleicht seine Sünden bestreiten?

Aase(*eifrig.*)
Nein, aber durch die Luft kann er reiten!

Die Frau.
Seid Ihr verrückt?

Der Mann. Was schwatzt Ihr da her?

Aase.
Nichts auf der Welt ist dem Jungen zu schwer.
Laß ihn nur erst seine Schalen ganz sprengen –

Der Mann.
Säht Ihr ihn nur erst am Galgen hängen!

Aase(*schreit.*)
Jesus, nein!

Der Mann. Wird ihn der Henker packen,
Krümmt ihm vielleicht doch noch Reue den Nacken.

Aase(*betäubt.*)
O, Ihr verwirrt noch mich armes Weib!
Kommt doch! Es gilt –

Der Mann. Seine Seel'.

Aase. Und seinen Leib!
Steckt er im Sumpf, wir betten ihn trocken, –
Ist er verhext, muß der Küster an die Glocken, –

Der Mann.
Hm! – Hier ist Viehweg –

Aase. Vergess' Gott Euch nicht,
Daß Ihr mir helft!

Der Mann. Das ist Christenpflicht.

Aase.
So? Na, dann sind das Heiden, die andern!
Auch nicht einer wollt' mit uns wandern –

Der Mann.
Man kennt ihn zu gut.

Aase. Er konnt' ihnen zu viel!
(Ringt die Hände.)
Und denkt Euch! Sein Leben steht auf dem Spiel!

Der Mann.
Hier scheint 'ne Fährte –.

Aase. So laßt uns eilen!

Der Mann.
Bei unserm Saeter dann woll'n wir uns teilen.
(Er und seine Frau gehen voraus.)

Solvejg*(zu Aase.)*
Erzähl' mir noch etwas!

Aase*(trocknet die Augen.)*
Von meinem Sohn?

Solvejg. Ja; –
Alles!

Aase*(lächelt und trägt den Kopf mit einem Mal wieder hoch.)*
Alles? – Müd' würd'st Du da!

Solvejg.
Eher wohl würdet Ihr müd', zu plauschen,
Als ich, zu lauschen.

(Niedrige baumlose Höhen unterm Hochgebirge.)

(Bergzinnen weiter hinten. Die Schatten fallen lang; es ist spät am Tage.)

Peer Gynt*(kommt in großen Sätzen gesprungen und macht vor dem Abhang halt.)*
Die ganze Gemeind' ist aus, mich zu fangen.
Sie haben sich bewaffnet mit Flinten und Stangen.
Allen voran hört den Haegstad man brüllen. –
Überall heißt's jetzt: Peer Gynt, das wilde Füllen!
Das ist doch was mehr, als Gebalg mit 'nem Schmied;
Das ist Leben. Man fühlt sich wie ein Bär in jedem Glied.
(Schlägt um sich und macht einen Luftsprung.)
Brechen! Wälzen! Den Wasserfall stauen!
Tannen auswurzeln! Stoßen! Hauen!
Das ist Leben! Das kräftigt! Das schafft Genügen!
Zum Teufel mit all den wässrigen Lügen!

Drei Säterinnen*(laufen über die Berghänge schreiend und singend.)*
Trond im Walgebirg! Kåre und Bår!
Wir schieben heut Nacht die Riegel nicht vor!

Peer Gynt.
Was schreit Ihr da?

Drei Säterinnen. Jede nach ihrem Troll!

Erste Säterin.
Trond! Komm mir schmachtend!

Zweite Säterin. Bår, komm mir toll!

Dritte Säterin.
Im Saeter stehn alle Kammern leer.

Erste Säterin.
Toll ist schmachtend!

Zweite Säterin. Und schmachtend ist toll!

Dritte Säterin.
Fehlt' es an Burschen, so liebt man 'nen Troll.

Peer Gynt.
Wo sind denn die Burschen?

Alle drei Säterinnen(*sich vor Lachen schüttelnd.*)
Die kommen nicht mehr.

Erste Säterin.
Der meine, der nannt' mich Verlobt' und Verwandte, –
Da wurd' er der Mann von 'ner alten Tante

Zweite Säterin.
Der meine, der traf 'ne Zigeun'rin im Norden, –
Da sind sie beide Landstreicher worden.

Dritte Säterin.
Der meine vergab's unserm kleinen Dinge, –
Jetzt grient sein Schädel wo aus 'ner Schlinge.

Alle rei Säterinnen.
Trond im Walgebirg! Kåre und Bår!
Wir schieben heut Abend die Riegel nicht vor!

Peer Gynt(*steht mit einem Sprung unter ihnen.*)
Ich bin ein Troll und ein Bursch für Euch drei!

Die drei Säterinnen.
Bist Du so 'n Kerl?

Peer Gynt. Steh' der Himmel Euch bei!

Erste Säterin.
Zum Saeter!

Zweite Säterin.
Wir haben Met!

Peer Gynt. Laßt's ein Meer sein!

Dritte Säterin.
Die Samstagsnacht soll keine Kammer heut leer sein!

Zweite Säterin(*küßt ihn.*)
Er glühet und sprühet wie glühheißes Erz.

Dritte Säterin(*ebenso.*)
Wie 's Aug' einer Kindsleich' im schwärzesten See.

Peer Gynt.
Trübe der Sinn und frech das Herz.
Im Auge Lachen, im Halse Weh!

Die drei Säterinnen(*machen den Bergspitzen lange Nasen, schreien und singen.*)
Trond im Walgebirg! Kåre und Bår!
Wir schieben heut Nacht die Riegel*doch* vor!

(Im Rondegebirge.)

(Sonnenuntergang. Schimmernde Schneegipfel rundum.)

Peer Gynt(*kommt wirr und verwildert.*)
Luftschloß auf Luftschloß brückt es
Über die Tiefen hin!
Steh! Willst Du stehn! Da rückt es
Wieder aus Augen und Sinn!
Auf dem Turme der Hahn winkt
Mit seinen Flügeln zur Flucht; –
Und, ein entflatternder Wahn, sinkt
Alles ins Grauen der Schlucht. –

Was für Wurzeln und Stämme sprießen
Dort aus zerklüftetem Grund?
Das sind Riesen mit Reiherfüßen!
Da schluckt sie schon wieder ein Schrund. –

Wie Regenbogengeflimmer
Frißt sich mir's ins Gehirn.

Was ist das für Glockengewimmer!
Was werkt da in meiner Stirn!
Der Schädel nimmt keinen Rat an.

Wie sollt' er's auch mit dem Band,
Dem brennheißen, um sich! Zum Satan!
Wer hat mir nur das umgebrannt!
(Sinkt nieder.)

Bocksritt über den Genden.
Wer Dir das glauben mag?
Hoch an den schroffesten Wänden
Mit der Braut, – und im Rausch einen Tag;
Stoßende Falken und Weihen,
Trollspuk und ähnlicher Prast,
Liebschaften gleich mit dreien; –
O, Du verruchter Phantast!
(Starrt lange aufwärts.)

Da segeln zwei braune Aare.
Gen Süden die Wildgäns' ziehn,
Und hier soll ich armer Narre
Im Kot waten bis zu den Knien!
(Springt in die Höhe.)

Ich will mit! Will baden mich rein in
Des Winds allerwildester Wut!
Will hoch! Will tauchen hinein in
Der Sonne Taufstrahlenflut!
Ich will fort! Ich schwing' mich zu Pferde;
Ich reit' mich von Sinn und Verstand;
Ich stürm' übers Meer und werde
Kaiser von Engelland;
Ja, glotzt nur, ihr Mädels da drunten!
Ich tu,' was ich mag, annoch.
Was wartet ihr, dumme Tunten –!
Das heißt, – am End' komm' ich doch?! –

Halloh! Die Adler da droben, –
Die hat wohl der Schwarze verhext! –

Da hat sich ein Giebel erhoben!
Schau', schau', wie das wird und wächst!
Ein Bauwerk aus Berg und Wolke!
Haha, jetzt kenn' ich mich aus!
Breit winkt die Tür allem Volke, –
Das ist Großvaters neugebaut Haus.
Dem alten Gebälk ging's zuleibe,
Der Hecke gab man den Rest.
Das glitzert von jeder Scheibe,
Im großen Saal, da ist Fest!

Da messert die Plappertasche,
Der Propst, an sein Glas und girrt; –
Da schmeißt der Kapitän seine Flasche,
Daß der Spiegel in Scherben zerklirrt. –
Laß fahren dahin! Laß fahren!
Schweig, Mutter; wir machen's nicht gut!
Der reiche Jon Gynt mag nicht sparen, –
Ein Hoch auf das Gyntische Blut!
Was ist das für ein Gezeter!
Was für ein Gelärm' und Gejohl'!
Der Kapitän ruft nach Peter, –
Der Propst will ausbringen mein Wohl.
Hinein denn, entgegengenommen
Dein Urteil von jedem im Saal! –:
Von Großem, Peer, bist Du kommen,
Und Großes noch wirst Du einmal!
(Springt vorwärts, rennt jedoch mit der Nase gegen einen Felsblock, fällt hin und bleibt liegen.)

(Eine Berglehne mit großen rauschenden Laubbäumen.)

---

*(Sterne blinken durchs Laub; Vögel singen in den Baumkronen.
Ein* ***grüngekleidetes Weib*** *geht auf der Lehne.* ***Peer Gynt*** *folgt ihm unter allerhand verliebten Gebärden.)*

Die Grüngekleidete(*bleibt stehen und kehrt sich um.*)
Ist's wahr?

Peer Gynt(*schneidet sich mit dem Finger über die Gurgel.*)
Ich heiße nicht wahrer Peer, –
Und Du bist nicht wahrer eine bildsaubre Dirn!
Willst Du mich haben? Du bekommst es nicht schwer,
Sollst nichts zu tun haben mit Nadel und Zwirn,
Magst Dich mit Speisen nach Herzenslust stopfen,
Will Dich auch niemals beuteln oder schopfen –

Die Grüngekleidete.
Nie auch mich schlagen?

Peer Gynt. Nein; so zu fragen!
Ein Königssohn wird doch nicht Weibsleute schlagen.

Die Grüngekleidete.
Ein Königssohn?

Peer Gynt. Ja!

Die Grüngekleidete.
Ich bin Dovrekönigs Kind.

Peer Gynt.
Bist Du? Schau', schau', was für Leute wir sind!

Die Grüngekleidete.
Drinnen in Ronde hat Vater sein Schloß.

Peer Gynt.
Mutters Palast ist ein wahrer Koloß.

Die Grüngekleidete.
Kennst Du meinen Vater? Den König Brose?

Peer Gynt.
Kennst Du meine Mutter? Die Königin Aase?

Die Grüngekleidete.
Brüllt Vater, bersten die größten Blöcke.

Peer Gynt.
Schilt Mutter, schießen sie Purzelböcke.

Die Grüngekleidete.
Vater, der springt dir im Tanz bis ans Dach.

Peer Gynt.
Mutter, die reitet durch den reißendsten Bach.

Die Grüngekleidete.
Hast Du keinen besseren Anzug als *den?*

Peer Gynt.
Du solltest mal meinen Sonntagstaat sehn!

Die Grüngekleidete.
Ich geh' auch Werktags in seidnem Kleide.

Peer Gynt.
Es sieht zwar wie Werg aus und Gras, nicht wie Seide –

Die Grüngekleidete.
Ja, Du, auf *eines,* da hab' Du mir Acht:
So ist's nun einmal bei uns hergebracht:
Alles beim Rondevolk hat zwei Seiten.
Wenn Du auf Vaters Schloß mit mir gehst,
Dürft' Dich der Schein leicht zum Glauben verleiten,
Daß Du mitten in einer Geröllwüste stehst.

Peer Gynt.
Just wie bei uns! Daß man's glauben sollt'!
Für Ruß und Rost möcht'st Du alles das Gold –
Und jede glitzernde Scheib' für aus alten
Fetzen und Flicken zurecht gemacht halten.

Die Grüngekleidete.
Schwarz, das scheint weiß, und grob, das scheint fein.

Peer Gynt.
Groß, das scheint klein, und schmutzig, das scheint rein!

Die Grüngekleidete *(fällt ihm um den Hals.)*
Ja, Peer, so seh' ich, wir geben ein Paar!

Peer Gynt.
Wie Bein und Hose, wie Kamm und Haar!

Die Grüngekleidete *(ruft nach hinten in die Berglehne.)*
Brautrößlein! Brautrößlein mein! Komm hervor!

(Eine riesengroße Sau kommt gelaufen mit einem Tauende als Zaum und einem alten Sack als Sattel. Peer Gynt schwingt sich darauf und nimmt die Grüngekleidete vor sich.)

Peer Gynt.
Heissa! Jetzt geht es durchs Ronde-Tor,
Sput' Dich, sput' Dich, mein Zelter brav!

Die Grüngekleidete *(zärtlich.)*
Ach, gestern noch ging ich als wie im Schlaf; –
Und heute – wer das mir gesagt hätt'! – und heute –!

Peer Gynt *(prügelt die Sau und trabt von dannen.)*
Am Reitzeug erkennt man die fürnehmen Leute!

(Des Dovre-Alten Königshalle)

*(Große Versammlung von **Hoftrollen, Erdgeistern** und **Kobolden.** Der **Dovre-Alte** auf dem Hochsitz mit Krone und Szepter. **Seine Kinder und nächsten Verwandten** zu beiden Seiten. **Peer Gynt** steht vor ihm. Große Bewegung im Saal.)*

Die Hoftrolle.
Schlachtet ihn ab! Betört hat der Christ
Des Dovre-Alten wonnigste Maid!

Ein junger Troll.
Ob ich ihn in den Finger schneid'?

Ein Anderer.
Darf ich ihn an den Haaren reißen?

Eine Trolljungfer.
Laßt mich ihn in den Schenkel beißen!

Trollhexe*(mit einem Kochlöffel.)*
Dafern er in Salzlaug' zu pökeln ist –?

Eine Andere*(mit einem Schlächtermesser.)*
Soll ich ihn am Spieß braten oder im Hafen schmoren?

Der Dovre-Alte.
Eis Euch ins Blut!
(Winkt seine Vertrauten näher zu sich heran.)
Hört, sei'n wir keine Toren!
Mit uns geht's die letzten Jahre zurück,
Wir haben den Halt, sozusagen, verloren,
Und Volkshilfe macht' uns am End' wieder flügg.
Zudem scheint der Bursche gesund geboren,
Und stark gebaut ist er auch, wie ich seh'.
Wohl wahr, Kopf hat er nicht mehr als einen,
Doch hat meine Tochter ja auch nicht meh.
Dreiköpfiger Trolle gibt's schier mehr keinen,
Zweiköpfige kaum noch mal hier und da,
Und die sind denn auch soso lala.
(Zu Peer Gynt.)
Du willst, daß ich Dir die Tochter gebe?

Peer Gynt.
Die Tochter und 's Reich als Mitgift dazu.

Der Dovre-Alte.
Das halbe mag Dein sein, solang' ich noch lebe,
Das übrige, leg' ich dereinst mich zur Ruh'.

Peer Gynt.
Ich bin's zufrieden.

Der Dovre-Alte. Ja, stopp, mein Sohn!
Du mußt Dich*auch* durch Zusagen binden.
Und brichst Du nur eine, so kostet's den Thron,
Und Du wirst nie mehr lebend von hier hinweg finden.
Zunächst hast Du nirgends herumzuscharlenzen,
Auch nicht in Gedanken, außer Rondanes Grenzen.
Tag sollst Du scheun und Tat und jeden Fleck Lichts.

Peer Gynt.
Wenn ich König genannt werd', verschlägt mir das nichts.

Der Dovre-Alte.
Dann woll'n wir Dich mal bei den Hörnern packen –
(Erhebt sich auf seinem Sitz.)

Der älteste Hoftroll*(zu Peer Gynt.)*
Wobei Deine Kunst sich erweisen soll,
Des Alten Rätselnüsse zu knacken!

Der Dovre-Alte.
Wodurch unterscheiden sich Mensch und Troll?

Peer Gynt.
Die unterscheiden sich wohl nicht sehr.
Großtroll will zwicken und Kleintroll will zwacken; –
Ganz wie bei uns, wenn's erlaubt nur wär'.

Der Dovre-Alte.
Wohl wahr, wir sind einig in dem und in mehr.
Doch gleicht sich auch Tag um Tag um ein Haar, –
Ein Unterschied bleibt denn doch immerdar. –
Hör' zu denn, so wird er Dir offenbar.
Draußen im Sonnenstrahl ruft man sich zu
Als heimlichste Weisheit: "Mensch, sei Du!"
Hier aber unter uns Trollen heißt klug
Geredet: "Troll, sei Du – Dir genug!" –

Der Hoftroll*(zu Peer Gynt.)*
Ist das nicht tief?

Peer Gynt. Mir ist's noch nicht klar.

Der Dovre-Alte.
"Genug", mein Sohn, dies mächtige Scheid'wort,
Werde fortan Dein Leib- und Leitwort!

Peer Gynt*(kraut sich hinter dem Ohr.)*
Ja, doch –

Der Dovre-Alte.
Du*mußt,* willst Du Herr hier werden!

Peer Gynt.
Meinthalben; 's gibt schlimmere Dinge auf Erden –

Der Dovre-Alte.
Sodann mußt Du Ehre, zu lernen, einlegen,
Wie wir daheim hier zu leben pflegen.
(Er winkt. Zwei Trolle mit Schweinsköpfen, weißen Nachthauben usw. bringen Speise und Trank.)
Die Kuh gibt Fladen, der Ochs gibt Met;
Frag' nicht, ob's sauer oder süß eingeht;
Die Hauptsach' ist, daß man nie vergißt,
Daß es hausgemacht ist.

Peer Gynt*(weist die Sachen zurück.)*
Zum Teufel mit Euerer Hauskost auch!
Ich find' mich wohl nie in den Landesbrauch.

Der Dovre-Alte.
Der Napf geht mit und der Napf ist von Gold.
Wer den Goldnapf hat, dem ist mein Töchterlein hold.

Peer Gynt*(überlegend.)*
Es steht freilich geschrieben: Du sollst Dich zwingen; –
Und man lernt's mit der Zeit ja wohl leichter schlingen.
Meinthalben!
(Fügt sich.)

Der Dovre-Alte.
Sieh, Freund, das zeugt von Vernunft. –
Du spuckst?

Peer Gynt. Man gewöhnt sich wohl noch in die Zunft.

Der Dovre-Alte.
Sodann mußt Du Deine Christentracht abwerfen;
Denn dies laß zu Dovres Ehren Dir einschärfen:
Hier ist nichts von jenseits der Felsenscheide,
Außer hinten am Wedel die Schleife von Seide.

Peer Gynt*(zornig.)*
Ich hab' keinen Wedel!

Der Dovre-Alte. Geduld' Dich, Mann!
Hoftroll, bind' ihm meinen Sonntagsschwanz an.

Peer Gynt.
Wenn Du's versuchst –! Das geht über den Scherz!

Der Dovre-Alte.
Du freist um meine Tochter mit nackichtem Sterz?

Peer Gynt.
Einen Menschen zum Tier machen!

Der Dovre-Alte. Freund, Du irrst;
Ich mach' Dich nur zu einem höfischen Freier.
Die brandgelbe Schleif', die Du kriegen wirst,
Die trägt man hier sonst nur zur höchsten Feier.

Peer Gynt*(nachdenklich.)*
Wie heißt's doch! Ein Mensch ist nicht mehr als ein Hauch.
Und man muß sich wohl finden in Schick und in Brauch.
Bind' an denn!

Der Dovre-Alte.
Du bist ein umgänglicher Gesell.

Der Hoftroll.
Und nun versuch' mal recht fein zu wedeln!

Peer Gynt*(gereizt.)*
He, wollt Ihr mich nun noch weiter veredeln?
Heischt Ihr auch noch meinen Christenglauben?

Der Dovre-Alte.
Nein, nein, den wollen wir Dir nicht rauben.
Der Glauben ist frei; darauf liegt hier kein Zoll.
Am Schnitt und am Schritt erkennt man den Troll.
Wenn uns nur Tracht und Gehaben nicht trennen,
Nenn' immer Glauben, was Furcht wir nennen.

Peer Gynt.
Du bist doch, trotz all der schlimmen Gebräuch',
Ein netterer Kerl, als man sollte meinen.

Der Dovre-Alte.
Mein Sohn, wir Trolle sind besser als wir scheinen,
Das ist auch ein Unterschied zwischen uns und Euch. –
Doch, laßt uns dem Ernst ein Ende nun setzen.
Auf, auf, zur Freude für Aug' und für Ohr,
Laß, Spielmaid, nun Deine Harf' uns ergetzen!
Spring', Tanzmaid, uns den Dovretanz vor!
(Spiel und Tanz.)

Der Hoftroll.
Was gedünkt Dich davon?

Peer Gynt. Was? Hm!

Der Dovre-Alte. Fürcht' Dich nicht.
Was siehst Du?

Peer Gynt. Ein urgreulich Gesicht:
Eine Darmsaiten hufende Schellenkuh.
In Kniehosen trippelt ein Ferkel dazu.

Der Hoftroll.
Verschlingt ihn!

Der Dovre-Alte.
Bedenkt, er hat Menschensinnen!

Die Trolljungfern.
Aug' aus und Ohr ab dem frechen Fanz!

Die Grüngekleidete*(weinend.)*
Huhu! Solch Lob ist's, was wir gewinnen,
Wenn ich und mein Schwesterlein spiel' und tanz'!

Peer Gynt.
Ach, Du! Du warst's? Na, so 'n bißchen Gehöhn',
Das weißt Du ja doch, das bedeutet nicht viel.

Die Grüngekleidete.
Gewiß und wahrhaftig nicht?

Peer Gynt. Tanz so wie Spiel
War, laus' mich der Affe, beides sehr schön.

Der Dovre-Alte.
Mit der Menschenart ist das ein wunderlich Ding;
Die klebt und klettet so merkwürdig fest.
Und ob sie auch so noch viel Schrammen empfing, –
Die Narben heilen, das ist der Rest.
Mein Schwiegersohn hat doch nun, ungelogen,
Fügsam sein Christenzeug ausgezogen,
Fügsam getrunken vom Metpokal,
Fügsam den Wedel sich umgebunden, –
So fügsam zu allem, kurz, was ich befahl,
Daß ich dachte, für ein und für alle Mal
Sei nun sein alter Adam verschwunden;
Doch einszweidrei steht der hier wieder im Saal.
Ja, ja, mein Sohn, so bedarf's einer Kur
Wider diese dickschädlige Menschennatur.

Peer Gynt.
Einer Kur?

Der Dovre-Alte.
In den linken Augapfel hier
Ritz' ich Dich leicht: so wird scheel sein Geäug';
Doch was Du siehst, siehst Du fortan wie wir.
Sodann schneid' ich aus Dir das rechte Visier.

Peer Gynt.
Du bist wohl –?

Der Dovre-Alte_(legt einige scharfe Werkzeuge auf den Tisch.)_
Hier hab' ich mein Glaserzeug.
Und kriegst Du dann Scheuklappen noch, wie ein Gaul,
Dann siehst Du die Braut mit einem Mal blühn,
Und fabelst nie fürder mit bösem Maul
Von trippelnden Ferkeln und Schellenküh'n –

Peer Gynt.
Töricht!

Der älteste Hoftroll.
So kommt Dir des Alten Red' vor?
Merk's! er ist der Weise und Du bist der Tor!

Der Dovre-Alte.
Bedenk, von wieviel Verdrießlichkeiten
Du Dich befrein kannst auf alle Zeiten.
Frag' selbst Dich, was hast Du von dieser Quelle
Quälender Zährenbeiz' und –laug'!

Peer Gynt.
Ganz recht; und ich kenn' auch die Bibelstelle:
Ärgert dein Aug' dich, reiß' aus dein Aug'!
Aber – wann stellt es sich dann wieder her,
Wird Menschenaug' wieder?

Der Dovre-Alte. Das wird's nimmermehr.

Peer Gynt.
So? Ja, dann sind wir zu Ende gediehn.

Der Dovre-Alte.
Was willst Du tun?

Peer Gynt. Meines Wegs mich verziehn.

Der Dovre-Alte.
Nein, halt! Herein schlüpft hier leicht ein Wicht!
Aber hinaus läßt der Dovrehag nicht.

Peer Gynt.
Du willst mit Gewalt, daß ich hier bleiben soll?

Der Dovre-Alte.
Hör' nun und nimm Vernunft an, Prinz Peer!
Du hast Begabung zum Troll. Nicht wahr, er
Trägt sich nun schon so ziemlich wie ein Troll?
Und willst doch auch Troll sein?

Peer Gynt. Weiß Gott, will ich's sein.
Für 'ne Braut und ein wohlbestellt Reich obendrein
Gibt man ja wohl auch einmal etwas viel.
Aber alles in der Welt hat sein Maß und sein Ziel.
Den Wedel nahm ich an, weil ich's also verstand:
Man kann wieder lösen, was der Hoftroll band.
Die Hos' warf ich ab, weil sie alt war und fetzig;
Doch die kann man ja wohl wieder anknöpfen, schätz' ich.
Und schließlich drück' ich mich wohl auch noch leis
Von dieser Dovreschen Lebensweis'.
Ich will ja gern schwören, eine Kuh wär' eine Maid;
Einen Eid kann ja einer mal in sich fressen; –
Aber so seine Menschheit auf immer vergessen,
Nicht einmal als ehrlicher Mensch sterben sollen,
Als Bergtroll so umgehn auf Lebenszeit, –
Niemalen mehr von Euch zurücktreten können, –
So Troll sein mit all seinem Fühlen und Wollen; –
Nein, nein; da tu' ich mir Besseres gönnen.

Der Dovre-Alte.
Jetzt werd' ich aber bald wild, Du Duns;
Und dann ist nicht mehr zu spaßen mit Uns.
Du tagfalber Knirps! Weißt Du, wer Wir sind?
Zuerst vergreifst Du Dich an Unserm Kind –

Peer Gynt.
Das lügst Du in Deinen Hals!

Der Dovre-Alte. Du mußt sie jetzt frein.

Peer Gynt.
Du wagst mir zu sagen –?

Der Dovre-Alte. Was ist da zu schrein?
Du hast sie begehrt! Du wünschtest mein Reich!

Peer Gynt_(pustet.)_
Sonst nichts? An so was sich festzuwacken!

Der Dovre-Alte.
Ihr Menschen bleibt Euch doch alleweil gleich.

Den Geist bekennt Ihr mit vollen Backen;
Doch geachtet wird nur, was mit Fäusten zu packen.
Du meinst, daß Wunsch und Begehren nicht bindet?
Wart' nur, Dir soll bald ein Licht aufgehn!

Peer Gynt.
Du sollst mich Dir nicht ins Netz schwimmen sehn!

Die Grüngekleidete.
Mein Peer, Du bist Vater, eh's Jahr entschwindet.

Peer Gynt.
Laßt mich hinaus.

Der Dovre-Alte. Wir schicken Dir 's Kleine
Nach in 'nem Bocksfell.

Peer Gynt*(trocknet sich den Schweiß ab.)*
Erwacht' ich doch nur!

Der Dovre-Alte.
Soll's an den Königshof?

Peer Gynt. Schickt's der Gemeine!

Der Dovre-Alte.
Mach', was Du willst, mit der Kreatur.
Getan ist getan; davon geht kein Quent;
Item, Prinz Peer, daß Dein Sprößling wird wachsen;
Solch ein Mischlingsbalg wächst unheimlich behend –

Peer Gynt.
Alter, nun lassen wir endlich die Faxen;
Kommen wir, Jungfer, zu Frieden und Vergleich!
Du sollst wissen, ich bin weder Prinz weder reich; –
Und ob Du mich wögest nun oder mich mäßest,
's wäre für Dich kein Gewinn, wenn Du mich besäßest.
(Der Grüngekleideten wird übel; Trollmädchen tragen sie hinaus.)

Der Dovre-Alte*(blickt eine Weile mit tiefer Verachtung auf ihn; darauf sagt er:)*
Schmeißt ihn wider die Bergwand zu Brei!

Die jungen Trolle*(bittend.)*
Spielen wir nicht erst Kauz und Weih?
Jsegrimm? Funkelkatz und Graumaus?

Der Dovre-Alte.
Aber schnell! – Ich schnarch' mein Gift derweil' aus.
(Ab.)

Peer Gynt*(von den jungen Trollen gejagt.)*
Laßt mich, Teufelspack!
(Will durch den Schornstein hinauf.)

Die jungen Trolle. Kobolde! Wichte!
Beißt ihn von hinten!

Peer Gynt. Au!
(Will hinab durch die Kellerluke.)

Die jungen Trolle. Macht alles dichte!

Der Hoftroll.
Wie die Kleinen sich freun!

Peer Gynt*(mit einem kleinen Trolljungen kämpfend, der sich in sein Ohr festgebissen hat.)*
Laß los, Höllenbrut!

Der Hoftroll*(schlägt ihn auf die Finger.)*
Willst Du wohl, Schlingel! Das ist königlich Blut!

Peer Gynt.
Ein Rattenloch –!
(Läuft hin.)

Die jungen Trolle.
Wichtelvolk! Werg in die Kerbe!

Peer Gynt.
Die Rangen verstehn ihr verruchtes Gewerbe!

Die jungen Trolle.
Zerfetzt ihn!

Peer Gynt. Ach, wär' man klein wie 'ne Maus!
(Läuft umher.)

Die jungen Trolle*(umwimmeln ihn.)*
Schließt den Ring! Schließt den Ring!

Peer Gynt*(jammernd.)* Ach, wär' ich eine Laus!
(Fällt um.)

Die jungen Trolle.
Auf die Augen ihm jetzt!

Peer Gynt*(im Trollhaufen begraben.)*
Hilf, Mutter, ich sterbe!

(Kirchenglocken läuten in der Ferne.)

Die jungen Trolle.
Schellen im Gebirg! Der Schwarzrock fährt aus!
(Die Trolle flüchten unter Geheul und Getöse. Die Halle stürzt ein: alles verschwindet.)

(Stockfinsternis.)

(Man hört Peer Gynt mit einem großen Ast um sich hauen und schlagen.)

Peer Gynt.
Gib Antwort! Wer bist Du?

Eine Stimme in der Finsternis.
Ich selbst.

Peer Gynt. Freie Bahn!

Die Stimme.
Einen Umweg gemacht! Groß genug ist der Plan.

Peer Gynt*(will an einer andern Stelle hindurch, stößt aber auf Widerstand.)*
Wer bist Du?

Die Stimme. Ich selbst. Kannst Du eben das sagen?

Peer Gynt.
Ich kann sagen, was ich will; und mein Schwert kann Dich erschlagen!
Sieh Dich vor! Hui, hei, da fällt's auch schon sausend!

König Saul erschlug hundert; Peer Gynt erschlug tausend!
(Schlägt und haut.)
Wer bist Du?

Die Stimme. Ich selbst.

Peer Gynt. Das dumme Gered'
Kannst Du Dir sparen, das keiner versteht.
Was bist Du?

Die Stimme. Der große Krumme.

Peer Gynt. Schau' , schau'!
Erst war das Rätsel schwarz, jetzt scheint es grau.
Bahn frei, Krummer!

Die Stimme. Herum um mich, Peer!

Peer Gynt.
Durch!
(Schlägt und haut.)
Da fiel er!
(Will vorwärts, stößt aber auf Widerstand.)
Hoho! Sind hier mehr?

Die Stimme.
Nur einer, Peer Gynt, der sich immer wieder erhebt!
Der Krumme, der tot ist und niedergebrochen.
Der Krumme, der tot ist, und der Krumme, der lebt.

Peer Gynt*(wirft den Ast weg.)*
Die Wehr ist verhext; muß die Faust denn ans Werk!
(Schlägt sich durch.)

Die Stimme.
Ja, trau' Du nur auf Deine Faust, Deine Knochen!
Hihi, Peer Gynt, so gewinnst Du den Berg.

Peer Gynt*(kommt zurück.)*
Hin und zurück, 's ist der gleiche Weg; –
Hinaus und hinein, 's ist der gleiche Steg!
Da ist er! Dort! Rings, wo ich mich weise!

Wähn' ich mich draußen, steh' ich mitten im Kreise.
Nenn' Dich! Laß sehn Dich! Was bist Du, Verkapptes?

Die Stimme.
Der Krumme.

Peer Gynt(*tastet umher.)*
Nicht tot. Nicht lebendig. Ein Gären.
Ein Brodeln. Gestaltlos. Und brummend tappt es
Um einen her wie halbwache Bären!
(Schreit.)
Schlag' um Dich!

Die Stimme. Der Krumme ist nicht so toll.

Peer Gynt.
Schlag' zu!

Die Stimme. Der Krumme schlägt nicht.

Peer Gynt.*Er soll!*

Die Stimme.
Der große Krumme gewinnt ohne Streit.

Peer Gynt.
Wär' hier bloß ein Zwerg, der mich zwicken möchte!
Wär' hier bloß ein Troll, nur zehn Monate alt!
Bloß daß man nicht so in der Luft herum föchte.
Jetzt schnarcht er gar! Krummer!

Die Stimme. Was gibt's?

Peer Gynt. Brauch' Gewalt!

Die Stimme.
Der große Krumme gewinnt alles mit der Zeit.

Peer Gynt(*beißt sich in Arme und Hände.)*
Krallen ins Fleisch und ritzende Zähn'!
Ich muß mein eigen Blut rinnen sehn.

(Man hört etwas wie den Flügelschlag großer Vögel.)

Vogelschrei.
Kommt er, Krummer?

Die Stimme in der Finsternis.
Ja! Schuh um Schuh.

Vogelschrei.
All Ihr Schwestern von nah und fern! Stellt Euch ein!

Peer Gynt.
Willst Du mich retten, Dirn, vor dem Draug,
Schau' nicht so bitter und kummervoll drein!
Dein Gesangbuch! Wirbel's ihm mitten ins Aug'!

Vogelschrei.
Er taumelt.

Die Stimme. Wir haben ihn.

Vogelschrei. Schwestern! Herzu!

Peer Gynt.
Zu teuer erkauft sich ein Menschensein
Mit solch einer Stunde voll zehrender Pein.
(Sinkt zusammen.)

Die Vögel.
Da stürzt er! Nun, Krummer, an Leib und Leben ihm!

(Von ferne hört man Glockenläuten und frommen Gesang.)

Der Krumme*(schwindet zu nichts zusammen und ruft mit erlöschender Stimme.)*
Er war zu stark. Weiber standen neben ihm.

(Sonnenaufgang. Im Gebirge vor Aases Saeter.)

(Die Tür ist verriegelt; alles öde und still.)

*(**Peer Gynt** liegt schlafend an der Außenwand der Hütte.)*

Peer Gynt*(erwacht, sieht mit stumpfem und trägem Augenaufschlag um sich. Spuckt aus.)*
Wie gut ein gesalzener Hering jetzt wär'!

(Spuckt wieder aus; zugleich erblickt er ***Helga,*** *die mit einem Korb voll Lebensmitteln kommt.)*
He, Kleine, bist Du hier? Wo kommst Du denn her?

Helga.
Solvejg –

Peer Gynt*(springt auf.)*
Wo ist sie?

Helga. Hier, hinterm Haus.

Solvejg*(unsichtbar.)*
Kommst Du mir nah, so nehm' ich Reißaus!

Peer Gynt*(bleibt stehen.)*
Meinst wohl, Du liefst hier bei mir Gefahr –

Solvejg.
Schäm' Dich!

Peer Gynt. Und weißt Du, wo ich des Nachts war? –
Die Dovremaid hängt wie 'ne Roßbrems' mir an.

Solvejg.
Wie gut es da war, daß im Dorf wurd' geläutet!

Peer Gynt.
Was auch Peer Gynt das Gebimmel bedeutet! –
Was sagst Du?

Helga*(weinend.)* Da rennt sie schon, was sie kann.
(Läuft nach.)
Wart' doch!

Peer Gynt*(packt sie am Arm.)*
Schau' her, Du! Was hab' ich hier?
Einen silbernen Knopf, Kleine! Möchtest Du den?
So leg' ein gut Wort für mich ein!

Helga. Laß mich gehn!

Peer Gynt.
Hier hast Du ihn.

Helga. Da steht der Korb mit dem Essen!

Peer Gynt.
Gnad' Dir Gott, wenn Du nicht –!

Helga. Ich fürcht' mich vor Dir!

Peer Gynt*(sanft; läßt sie los.)*
Ich meint' ja nur: Bitt' sie, sie soll mich nicht vergessen!
(Helga laufend ab.)

DRITTER AKT

(Tief im Innern des Nadelwaldes. Graues Herbstwetter. Schneefall.)

*(**Peer Gynt,** in Hemdsärmeln, fällt Holz.)*

Peer Gynt*(haut los auf eine große Kiefer mit gekrümmten Ästen.)*
Ei, ja, Du bist zäh, Du alter Gesell;
Doch frommt Dir das wenig; Du fällst nur zu schnell.
(Haut wieder.)
Ich seh' zwar, Du hast ein Panzerhemd an;
Doch wär's noch so stark auch, ich steh' meinen Mann.
Ja, ja; Du schüttelst Deinen knorrigen Arm;
Glaub's wohl, Du zitterst vor Zorn und Harm;
Doch trotz alledem sollst Du nieder vor Peer –!
(Bricht mit einem Mal schroff ab.)
Hirngespinst! Das ist ein Baum und nichts mehr;
Keine in Stahl gehüllte Gestalt;
Bloß eine Bergkiefer, rissig und alt. –
Ein hart Stück Arbeit, dies Umhaun von Bäumen;
Doch Wahnwitz, zu haun und dazu noch zu träumen. –
Dies hat jetzt ein End'; – dies ins Blaue Stieren
Und offenen Augs sich im Nebel verlieren. –
Ein Friedloser bist Du! Ein Tier unter Tieren.
(Haut eine Weile hastig.)
Friedlos, jawohl. Kein haushälterisch
Mütterlein deckt und bestellt Dir den Tisch.

Willst Du was essen, Bursch, hilf Dir allein,
Fang' Dir im Bach oder Wald was ein,
Schnitzel' Dir Brennholz und setz' es in Brand,
Brat' und trag' auf Dir mit eigener Hand.
Willst Du Dich warm kleiden, pürsch' Dich an Böcke;
Willst Du Dir 'n Haus grundmauern, brich Blöcke;
Willst Du Dir's aufzimmern, hack' und hau',
Und schlepp' Dir die Balken selbst bücklings zum Bau!
(Die Axt sinkt; er sieht vor sich hin.)
Fein soll der Bau werden. Turm und Hahn
Soll weithin sichtbar den First überblitzen,
Und an den Giebel, aus Kiefernspan,
Will ich ein fischgeschwänzt Meerweib schnitzen.
Messing soll der Hahn sein und Messing die Klinken;
Glas will ich auch wohl zu kriegen sehn;
Hei, soll fremdes Volk mauloffen stehn,
Sieht's vom Gebirg' her das Funkeln und Blinken!
(Lacht ingrimmig.)
Höllisches Gaukelspiel! Da war's wieder.
Du bist friedlos, Bursch.
(Haut heftig drauf los.)
Ein Rindendach
Tut's auch wider Wetter und Ungemach.
(Sieht an dem Baum hinauf.)
Da wankt er und schwankt er. Jetzt nur noch ein Tritt!
Da stürzt er in all seiner Länge darnieder; – –
Und reißt das aufkreischende Niederholz mit!
(Macht sich daran, den Stamm seiner Zweige zu entkleiden; auf einmal horcht er und steht mit erhobener Axt still.)
Da liegt jemand hinter mir auf der Lauer! ...
Du kommst mir mit Hinterlist, Haegstadbauer?
(Duckt sich hinter den Baum und spitzt hervor.)
Ein einzelner Bursch bloß! Er scheint erschreckt.
Er sieht sich scheu um. Er verdeckt und versteckt
Was unter dem Kittel. Eine Sichel! Er ballt
Die Faust um den Skistab. Und jetzt? Umkrallt
Seine Rechte den Sichelgriff; – holt aus –! Schwapp!

Hieb er sich da nicht den Finger ab!
Den ganzen Finger! Er blutet wie ein Schwein.
Da setzt er, die Faust in 'nem Tuch, querwaldein.
(Erhebt sich.)
Der war wohl besessen! Ohne Not einen Finger!
Blank weg! Und sind dir so kostbare Dinger!
Hallo, jetzt schwant mir's –! Ein Finger auf dem Block,
Heißt es, macht frei von des Königs Rock.
So war's. Er sollt' in den Krieg, nach der Pflicht,
Und wollt' lieber hier bleiben auf seiner Schollen –
Aber deshalb für immer ihn abtrennen sollen?
Es denken, es wünschen; ja; selber es*wollen;* – –
Aber es*tun!* Nein, das fass' ich nicht!
(Schüttelt den Kopf und geht dann wieder an seine Arbeit.)

(Eine Stube unten bei Aase.)

(Alles ist in Unordnung; Kisten und Kasten stehen offen; Alltagszeug liegt verstreut herum; im Bett eine Katze.)

*(**Aase** und **die Häuslersfrau** sind eifrig dabei, zusammenzupacken und Ordnung zu schaffen.)*

Aase*(rennt nach der einen Seite.)*
Kari, hör' zu?

Die Frau. Was gibt's?

Aase*(auf der andern Seite.)* Hör' zu –!
Wo liegt denn –? Wo find' ich –? Vielleicht weißt Du –?
Ich bin ganz verdattert! Was wollt' ich denn doch? –
Den Schlüssel zum Kasten!

Die Frau. Der steckt doch im Loch.

Aase.
Was rumpelt da draußen?

Die Frau. Die letzte Fuhr'
Wird nach Haegstad gekarrt.

Aase(*weinend.*) Ach, würd' ich doch nur
Mit hinaus gekarrt in der schwarzen Kiste!
Ach, das ist ein Leben! Du lieber Christe!
Das heiß' ich mir einen Zusammenbruch!
Was der Haegstad verschont, hat der Schuldvogt bekommen.
Nicht die Kleider am Leib habt Ihr 'ausgenommen!
Pfui, pfui über Euch und den eiskalten Spruch!
(Setzt sich auf die Bettkante.)
Jetzt sind wir also verarmtes Gelichter.
Ruppig war der Bauer; noch ruppiger der Richter; –
Da gab's keine Hilfe, da gab's kein Erbarmen;
Peer war nicht da; kein Mensch half mir Armen.

Die Frau.
Hier könnt Ihr doch hausen bis an Euren Tod.

Aase.
Ja; die Katz' und ich kriegen 's Gnadenbrot.

Die Frau.
Mutter, der Peer kam Euch teuer zu stehn!

Aase.
Peer? Da hast Du's bei mir versehn!
Kam nicht die Ingrid heil heim zuletzt?
An den Teufel hätt' man sich halten müssen, –
Der hat's, und kein andrer, auf dem Gewissen,
Der hat meinen Jungen auf all das gehetzt!

Die Frau.
Sollt's nicht am End' wer dem Pfarrer sagen?
Es geht ihm schlechter, als Ihr vielleicht wißt.

Aase.
Glaub's auch schier, daß es so besser ist
(Fährt auf.)
Aber nein! Ich will nicht noch fremde Leut' plagen!
Ich helf' ihm, das ist meine heilige Pflicht;
Wenn's die Mutter nicht tut, wer andrer tut's nicht.
Die Joppe hier wurd' ihm geschenkt. Werd' ich flicken.

Möcht' ihnen jetzt bloß noch das Bettfell abzwicken!
Wo sind denn die Strümpf'?

Die Frau. Dort, beim andern Wuste.

Aase(*wühlt herum.)*
Herrje, was ist das? Eine alte, berußte
Kelle! Mit der tat er allerwegen
Knopfgießer spielen, schmelzen und prägen.
War einmal Fest hier; – kommt der Junge herein,
Will ein Stück Zinn. Sagt mein Jon: Zinn? Nein!
Aber eine König-Christians-Kron';
Silber; so ziemt sich's Jon Gyntens Sohn.
Gott verzeih's ihm; doch hitzt' ihm der Wein nun den Sinn,
So kam's ihm auf Gold nicht mehr an denn auf Zinn.
Hier sind ja die Strümpf'. Na,*die* Löcherkett'!
Da heißt's stopfen, Kari!

Die Frau. Glaub's auch, Bäuerin.

Aase.
Wenn dies dann gemacht ist, so tracht' ich ins Bett;
Ich fühl' so ein Ziehen und Zucken und Pressen –
(Erfreut.)
Zwei Wollhemden, Kari, – die hab'n sie noch vergessen!

Die Frau.
Ja, richtig, das hab'n sie.

Aase. Gefundenes Fressen!
Das eine kannst Du zur Seite legen. –
Oder wart', wir verwahr'n gleich den ganzen Segen; –
Das Hemd, das er anhat, das ist schon so schlecht.

Die Frau.
Je, je, Mutter Aase: das ist aber nicht recht.

Aase.
Ja, ja; doch Du weißt ja, der Pfarrer verkündigt
Gnade für dies und für mehr, was eins sündigt.

(Vor einer neugebauten Hütte im Wald.)

(Ein Rentiergeweih über der Türe. Der Schnee liegt hoch. Es dämmert.)

*(**Peer Gynt** steht vor der Tür und schlägt ein großes hölzernes Schloß fest.)*

Peer Gynt*(lacht dann und wann auf.)*
Ein Schloß muß sein; daß die Hütte rein bleibe
Vor allerlei Trollpack, so Manne wie Weibe.
Ein Schloß muß sein; die Hütte zu bergen
Vor allen den tückischen Wichten und Zwergen. –

Das kommt mit dem Dunkel; das pocht an die Planken;
Mach' auf, wir sind ohne Rast wie Gedanken!

Wir kramen im Bettsack, die Herdglut wir fachen,
Wir fahr'n durch die Esse wie feurige Drachen.

Hihi, Peer Gynt, meinst Du, Nägel und Planken
Feiten vor tückischen Koboldgedanken?

*(**Solvejg** kommt auf Schneeschuhen über die Heide; sie hat ein Umschlagtuch um den Kopf und ein Bündel in der Hand.)*

Solvejg.
Gott segne Dein Tun! Mußt Dich meiner nicht schämen!
Du riefst mich; ich kam; – und so mußt mich denn nehmen.

Peer Gynt.
Solvejg. Das ist nicht –! Du bist es? Ja! Ja!
Und Du fürchtest Dich nicht, – und Du kommst mir so nah!

Solvejg.
Botschaft hast Du gesandt mit dem Kinde;
Botschaft brachten mir heimlich die Winde.
Botschaft barg, was Dein Mütterlein sagte,
Botschaft der Traum, der vom Lager mich jagte.
Freudleere Tag' und kummerschwere Nächte
Brachten mir Botschaft, daß Dein ich dächte.
Das Leben daheim ward ein trübes Verrinnen;
Und lacht' ich und weint' ich, es kam nicht von innen

Und ob ich schon Deinen Sinn nicht ganz wußte,
So wußt' ich doch ganz, was ich sollt', was ich mußte.

Peer Gynt.
Und Dein Vater?

Solvejg. Auf weitweiter Gotteswelt
Weiß ich kein Menschenherz mehr, das mich hält.
Keines mehr.

Peer Gynt. Solvejg, Du Holde, Du Reine, –
Um die meine zu werden?

Solvejg. All einzig die Deine.
Jetzt mußt Du mir alles sein, Heimat und Frieden.
(Unter Tränen.)
Am schwersten war's von klein Helga geschieden; –
Noch schwerer vom Vater, so still und klug;
Am allerschwersten von der, die mich trug; –
Nein, nein, – am schwersten ist mir's gefallen,
Zu scheiden von ihnen allen – allen!

Peer Gynt.
Und kennst Du mein Urteil vom Frühling her?
Ich hab' keinen Hof und kein Erbgut mehr.

Solvejg.
Meinst Du, von Erbgutgelüsten getrieben,
Wär' ich gegangen von allen den Lieben?

Peer Gynt.
Und kennst Du den Bann? Werd' ich draußen getroffen,
Vorm Wald, so habe ich nichts mehr zu hoffen.

Solvejg.
Auf Schneeschuhen lief ich; ich fragte jeden aus;
Man forschte, wohin ich wollte; ich sagte: ich will nach Haus.

Peer Gynt.
Hinweg denn mit allen den Pflöcken und Planken,
Was braucht's jetzt noch Riegel wider Koboldgedanken!
Willst Du des Schützen in Lust und Leid sein,

So weiß ich, so wird meine Hütte geweiht sein.
Solvejg! Dich ansehn! Von fern nur gegrüßt!
Ansehen bloß! Wie Du leuchtest und glühst!
Laß mich Dich heben! Wie leicht sich das faßt!
Wann würd' ich müd' je so lieblicher Last!
Rein, vor mir her, mit gestreckten Armen,
Will ich Dich tragen, Du Herz voll Erbarmen.
Daß Du zu mir kämst, wer hätt' das gedacht –;
O, aber gesehnt hab' ich Tag mich und Nacht.
Hier, siehst Du, hab' ich gezimmert und gebaut –;
Aber jetzt will ich neu baun; denn jetzt kam die Braut –

Solvejg.
So oder so, – hier ist's gut, wo wir sind.
Wie atmet sich's leicht widern wehenden Wind!
Dort drunten war's dumpfig; Du fühltest Dich beengt;
Das hat mich auch mit aus dem Ort fortgedrängt.
Aber hier, wo du hörest der Föhren Gesause, –
Welche Stille! welche Töne! – hier bin ich zu Hause.

Peer Gynt.
Und weißt Du's gewiß? Und zerbrichst jede Brücke?

Solvejg.
Der Weg, der mein Weg ist, führt nimmer zurücke.

Peer Gynt.
So hab' ich Dich! Komm! Laß mich drinnen Dich schauen!
Tritt ein! Ich lauf' nur noch Herdholz hauen;
Traut soll es wärmen, und hell will ich's schüren,
Weich sollst Du sitzen und von Kälte nichts spüren.
(Er öffnet die Tür; Solvejg tritt ein. Er steht eine Weile still, dann lacht er laut auf vor Freude und macht einen Luftsprung.)

Peer Gynt.
Mein Königskind –! Jetzt ist's gefunden und gewonnen!
Hei! Jetzt wird der Schloßbau von Grund aus neu begonnen!

(Er ergreift die Axt und geht; im selben Augenblick tritt ein ***ältliches Weib*** *in zerlumptem grünen Unterrock aus dem Gehölz hervor;* ***ein häßlicher***

***Junge,** mit einer Bierflasche in der Hand, hinkt nach und hält sich an ihrer Schürze.)*

Das Weib.
Guten Abend, Peer Leichtfuß!

Peer Gynt. Was gibt's? Wer da?

Das Weib.
Alte Freunde, Peer Gynt! Meine Hütte liegt nah.
Wir sind Nachbarn.

Peer Gynt. So, so? Das wußt' ich noch nit.

Das Weib.
Als Dein Haus gebaut ward, baute meines sich mit.

Peer Gynt*(will weiter.)*
Ich hab' Eil' –

Das Weib. Die hast Du wohl immer, Mann;
Doch ich trott' hinterdrein, und Du sollst mir noch dran.

Peer Gynt.
Ihr irrt Euch –!

Das Weib. Ich hab' mich nur*ein*mal geirrt:
Den Tag, da Du mich mit Versprechen gekirrt.

Peer Gynt.
Versprechen –? Der Teufel versteh', was das heißt!

Das Weib.
Vergißt Du den Abend in Vaters Saal?
Vergißt Du –?

Peer Gynt. Vergiß, was Du gar nicht weißt!
Wann trafen wir uns zum letzten Mal?

Das Weib.
Da wir zum ersten Mal uns getroffen.
(Zu dem Jungen.)
Gib Vater zu trinken; sein Mund steht offen.

Peer Gynt.
Vater? Du bist wohl betrunken –? Du nennst –?

Das Weib.
Daß Du das Schwein nicht am Fell schon erkennst!
Hast Du keine Augen? So sieh doch nur hin:
Sein Fuß ist so lahm wie Dein ganzer Sinn.

Peer Gynt.
Du willst mir einreden –?

Das Weib. Mach' keine Faxen –!

Peer Gynt.
Dieser langbeinige Bursch –!

Das Weib. Er ist flink gewachsen.

Peer Gynt.
Du Trollfratze, legst es mir aus, als ob –?

Das Weib.
Hör' mir, Peer Gynt; Du bist klotzig grob!
(Weinend.)
Was kann ich dafür, daß ich nicht mehr so schön,
Wie, da Du mich locktest auf Halden und Höhn?
Der Teufel, der zog meinen Rücken so krumm,
Als im Herbst ich gebar; und das wirft Einen um.
Aber willst Du mich wieder so schmuck sehn wie früh'r,
So weis nur der Dirne dort drinnen die Tür,
So schaff' sie Dir nur aus dem Sinn und den Augen; –
Und mein Frätzel soll, Freund, Dir bald besser taugen!

Peer Gynt.
Fort, Hexe!

Das Weib. Eitel, daß Du mich bannst!

Peer Gynt.
Ich schlag' Dir den Schädel ein –!

Das Weib. Tu's, wenn Du's kannst!
Hoho, Peer Gynt, ich steh' jedem Schlag!

Ich komme zurück jeden einzelnen Tag;
Ich lug' durch die Tür und beobacht' Euch beiden.
Und sitzt Du mit ihr dann zu dämmriger Weil'
Auf der Bank und wirst zärtlich und magst sie gern leiden,
So setz' ich dazu mich und forder' mein Teil.
Dann schnäbelst Du balde mit ihr, bald mit mir Dich.
Leb' wohl, lieber Junge, und morgen kopulier' Dich!

Peer Gynt.
Du höllischer Mahr!

Das Weib. Doch*das* geht in den Kauf!
Den Jungen, den Hinkefuß, fütterst Du auf!
Teufelsbub, willst Du zum Vater?

Der Junge*(speit nach ihm.)* Da!
Ich hack' mit der Axt nach Dir; wart' nur; ja, ja!

Das Weib*(küßt den Jungen.)*
Was das für ein Kopf ist auf dieser Krott!
Du machst noch einmal Deinen Vater zu Spott!

Peer Gynt*(stampft auf.)*
Ach, wärt Ihr so weit –!

Das Weib. Wie wir nahe jetzt stehn?

Peer Gynt*(ringt die Hände.)*
Und all das –!

Das Weib. Bloß für Gedankenvergehn!
's ist schad' um Dich, Peer!

Peer Gynt. Um 'ne andre noch mehr! –
Solvejg, Du Goldseele, lauter und rein!

Das Weib.
Ja, ja; sagt der Teufel, die Unschuld hat's schwer,
Als die Mutter ihn haut', weil der Vater ein Schwein.
(Sie trottet ins Gehölz mit dem Jungen, der den Bierkrug nach ihm schleudert.)

Peer Gynt*(nach einem langen Schweigen.)*
Gib's auf, bieg ab! sprach der Krumme. Ja, ja! –

Da ging mein Königspalast in Scherben!
Das schloß Mauern um sie, – und ich war so nah;
Jetzt liegt alles öd' hier, und mir ist zum Sterben. –
Gib's auf, bieg ab, Bursch! Quer durch dies hier
Findest Du keinen Weg mehr zu ihr.
Keinen quer durch? Hm, sollt' nicht doch einer –?
Ich habe doch einmal von Reue gelesen.
Aber was? Was stand dort? Kein Buch ist da,
Vergessen das meiste; und hier sagt mir keiner
Im wilden Wald, wie der Spruch wohl gewesen. –

Reue? Das könnt' am End' Jahre anstehn,
Bis daß ich hindurch wär'.*Das* Leben würd' schmächtig.
Entzweischlagen alles, was glänzend und prächtig,
Und dann mit den Stücken von vorn ans Werk gehn?
Das geht mit 'ner Fiedel, aber nicht mit 'ner Glocke.
Wenn ihn einer zertritt, grünt kein Reis mehr am Stocke. –

Doch die war ja gelogen, die Hexengeschichte!
Jetzt ist mir der Greuel ja aus dem Gesichte.
Ja; wohl aus den Augen, doch nicht aus dem Sinn.
Nachschleichen wird er mir überall hin.
Ingrid! Und die drei, die ich droben beglückt!
Woll'n die auch mittun? Mit frechen Geberden
Fordern, gleich ihr an die Brust gedrückt,
Heilig wie sie hingetragen zu werden?
Bieg ab, gib's auf, Bursch! Und wär' Dein Arm lang
Wie die rankeste Hochtann' am Bergeshang, –
Du hieltest sie doch noch zu dicht an Dir,
Als daß sie danach wär' noch schadlos und schier. –

Ich muß drum herum kommen in meinem Sinn,
So daß es wird weder Verlust noch Gewinn.
Man muß so was abschütteln, bis man's vergißt –
(Macht einige Schritte auf die Hütte zu, bleibt aber wieder stehen.)
Hineingehn nach all dem? Entehrt, wie man ist?
Hineingehn mit all diesen Trollen als Schergen?
Reden und doch schweigen; beichten und doch bergen?

(Schleudert die Axt von sich.)
's ist der Abend vorm Fest heut. Sie jetzt mit*den* Händen
Anrühren, hieß' alles Heilige schänden.

Solvejg_(in der Türe.)_
Kommst Du?

Peer Gynt_(halblaut.)_
Auf Umwegen.

Solvejg. Wie?

Peer Gynt. Kind, warte!
Ich hab' erst noch eine Arbeit, eine harte.

Solvejg.
Ich komm' und helf' Dir; wir woll'n sie gemein tun.

Peer Gynt.
Nein, bleib, wo Du bist! Ich muß sie allein tun.

Solvejg.
Aber bleib nicht zu lang', Du!

Peer Gynt. Ob der Erharrte
Lang oder kurz bleibt, – nur warte!

Solvejg_(nickt nach ihm.)_ Ich warte!

(Peer Gynt waldeinwärts ab. Solvejg bleibt in der halbgeöffneten Türe stehen.)

uf einem Stuhl am Fuß des Bettes.)

*(**Aase** liegt im Bett und tastet unruhig auf der Bettdecke umher.)*

Aase.
Mein Gott, läßt er nimmer sich blicken?
Wie schleichend die Stunden vergehn!
Ich hab' keinen Boten zu schicken,
Und hätt' ihn so gern noch gesehn.
Jetzt geht's ohne Gnade zur Rüste.
So jäh! Wer hätt' das gedacht!
Aase, wenn ich nur wüßte,
Ob du's nicht zu schwer ihm gemacht!

Peer Gynt(*tritt ein.*)
Guten Abend!

Aase. Gott soll Dich segnen!
Wer jetzt meinen Jungen noch schilt!
Doch wirst Du auch keinem begegnen?
Du weißt, was Dein Leben hier gilt.

Peer Gynt.
Pah, Leben oder nicht Leben!
Ich mußte mal nach Dir sehn.

Aase.
Ja, jetzt muß die Kari sich geben;
Und ich kann in Frieden gehn!

Peer Gynt.
Du – gehn? Was soll das bedeuten?
Was meinst Du denn für 'nen Gang?

Aase.
Ach, Peer, ich hör' sie schon läuten.
Ich weiß, ich mach's nicht mehr lang'.

Peer Gynt(*ringt die Hände und geht auf und ab.*)
Da wollt' ich nicht leiden und büßen –
Und meinte,*hier* wär' ich frei –!
Hast Du kalt an Händen und Füßen?

Aase.
Ja, Peer; es ist bald vorbei. –
Wenn dann meine Augen brechen,
So drück' sie mir sorgsam zu.
Und eins noch mußt mir versprechen:
Den Sarg, den laß schmuck sein, Du!
Ach nein, 's ist ja wahr –

Peer Gynt. Still, Beste!
Das hat seine Zeit. Heut ist heut.

Aase.
Ja, ja.

(Sieht sich unruhig um in der Stube.)
Hier siehst Du die Reste
Vom Unsrigen. Das sind dir Leut'!

Peer Gynt*(ringt die Hände.)*
Schon wieder!
(Hart.)
Bin schuld; ja, zur Hölle!
Was hilft's, mich zu mahnen daran.

Aase.
Du? Nein, die verdammte Völle,
Mit der fing das Unglück an!
Du warst ja betrunken, mein Junge;
Da weiß einer nicht, was er tut;
Und dann nach dem Gendingrat-Sprunge, –
Kein Wunder, da kochte Dir 's Blut!

Peer Gynt.
Ja, ja; laß den Unsinn nur fahren,
Laß fahren die ganze Geschicht'.
Was schwer ist, das woll'n wir uns sparen
Auf später, – das hastet ja nicht.
(Setzt sich auf die Bettkante.)
So, Mutter, und jetzt laß uns plaudern,
Doch alleine von Mein und Dein,
Und nicht mehr von alledem kaudern,
Was quer ging und quält obendrein.
Die Katz' ist auch noch lebendig, –
Guck' einer, – das alte Vieh?

Aase.
Die tut immer nachts so elendig;
Du weißt, solch ein Tier irrt sich nie.

Peer Gynt*(ablenkend.)*
Was ist hier Neues geschehen?

Aase(*lächelnd.*)
Man sagt, hier irgendwo wär'
Ein Mädel, das möcht' nach den Höhen –

Peer Gynt(*schnell.*)
Matz Moen, was macht denn jetzt der?

Aase.
Man sagt, sie ließ sich nichts lehren,
Was Vater und Mutter auch bat.
Du solltest doch mal vorkehren; –
Du wüßtest am Ende Rat –

Peer Gynt.
Und wie hat's der Aslak getragen?

Aase.
Ach, schweig von dem unsaubern Geist.
Will lieber den Namen Dir sagen
Von ihr, von dem Mädel, Du weißt –

Peer Gynt.
Nein, nein, jetzt wollen wir plaudern, –
Doch alleine von Mein und Dein,
Und nicht mehr von alledem kaudern,
Was quer ging und quält obendrein.
Bist Du durstig? Soll ich was holen?
Ist 's Bett zu kurz? Drückt es Dich? Sag'!
Herrje; – sind das nicht die Bohlen,
Dadrin ich als Junge lag?
Besinnst Dich noch, wie Du oft hocktest
Des Abends am Bettende dort
Und mich, wer weiß wohin, locktest
Mit Märchen und Zauberwort?

Aase.
Jawohl! Und dann spielten wir Schlitten,
Wann Vater herumfuhr im Rund.
Die Deck' ward als Kutschpelz gelitten,
Und die Diel' war ein spiegelnder Sund.

Peer Gynt.
Ja; aber der Knopf auf der Kappen, –
Besinnst Dich auch dessen noch, Du? –
Das war'n doch die tollen Rappen!

Aase.
Du traust mir wohl gar nichts mehr zu!
Der Kari Katz' tat uns Fronde;
Wir setzten sie auf 'ne Tonn'.

Peer Gynt.
Nach dem Schloß im Westen vom Monde
Und dem Schloß im Osten der Sonn',
Nach dem Soria-Moria-Schlosse
Ging's hurre-hopp über die Diel',
Und 'ne alte Hühnerstallsprosse
Braucht'st Du als Peitschenstiel.

Aase.
Dort vorn auf dem Kutschbock saß ich –

Peer Gynt.
Und wer dann die Zügel verlor,
Wer war das? Mein Alterchen, das sich
Umwandt' und mich fragt', ob ich fror.
Gott segne Dich; warst mir von Herzen
Stets gut, alter Widerwart –!
Was stöhnst Du denn so?

Aase. Mich schmerzen
Die Knochen; das Brett ist so hart.

Peer Gynt.
Komm; leg' Dich bequemer; so stillst Du
Den Schmerz. Na, gibt er jetzt Ruh?

Aase*(unruhig.)*
Nein, Peer, ich will fort!

Peer Gynt. Fort willst Du?

Aase.
Ja, fort möcht' ich, fort immerzu.

Peer Gynt.
Schnack! Unter der Decke hübsch bleiben!
Ich setz' mich aufs Bettende dort.
Jetzt woll'n wir die Zeit uns vertreiben
Und uns träumen, Gott weiß wohin, fort!

Aase.
Ob die Bibel nicht besser paßte?
Ich bin so unruhigen Sinns.

Peer Gynt.
Im Soria-Moria-Palaste
Geht es hoch her bei König und Prinz.
Ruh' aus Dich im warmen Schlitten;
Ich fahr' Dich dorthin über Feld –

Aase.
Aber, Peer, kam denn einer mich bitten –?

Peer Gynt.
Wir sind alle beide bestellt.
(Wirft eine Schnur um den Stuhl, auf dem die Katze liegt, nimmt einen Stecken in die Hand und setzt sich an das Fußende des Bettes.)
Hü, Rappe! Spute Dich, Mähre!
Sag', Mutter, frierst Du auch nicht?
Ja, ja; das schneid't wie 'ne Schere,
Wenn Grane der Haber sticht!

Aase.
Was läutet da, Peer, und tönet –?

Peer Gynt.
Die Schellen von blankem Zinn!

Aase.
Hu, Lieber, wie hohl das dröhnet!

Peer Gynt.
Jetzt geht's über Fjordeis hin.

Aase.
Ich fürcht' mich! Was für ein Brausen
Und Seufzen, so klagend und schrill?

Peer Gynt.
Das sind die Tannen, die sausen,
Im Bergwald. Sitz mir nur still.

Aase.
Was glitzert und flimmert dorten?
Wo kommt all der Lichterglanz her?

Peer Gynt.
Aus des Schlosses Fenstern und Pforten.
Hörst Du, wie sie tanzen?

Aase. Ja, Peer.

Peer Gynt.
Vorm Tore da steht Sankt Peter
Und lädt Dich zum Eintritt ein.

Aase.
Grüßt er uns?

Peer Gynt. Tiefgebückt steht er
Und schenkt vom süßesten Wein.

Aase.
Wein! Sag', hat er auch Kuchen?

Peer Gynt.
Und ob! Einen ganzen Berg!
Und die Propstin kommt Dich besuchen
Mit Kaffee und Zuckerwerk.

Aase.
Wir treffen uns dort wie vor Zeiten?

Peer Gynt.
So oft Du's willst und begehrst.

Aase.
Nein; alle die Herrlichkeiten,
Dazu Du mich Arme fährst!

Peer Gynt_(schnalzt mit der Peitsche.)_
Hü, Rappe, spute Dich, springe!

Aase.
Lieber Peer, Du fährst doch auch recht?

Peer Gynt_(schnalzt wieder.)_
Hier ist breiter Weg.

Aase. Das Geschwinge
Vom Schlitten, das macht mir ganz schlecht.

Peer Gynt.
Das Ziel dann wird Dir schon taugen;
Nicht lang' – und der Fahrt ist genung.

Aase.
Ich will liegen und schließen die Augen
Und vertrauen auf Dich, mein Jung'!

Peer Gynt.
Da kann ich's ganz nah schon gewahren.
Hü, Grane! Den Torweg empor!
Das ist ein Gewimmel! Jetzt fahren
Peer Gynt und Alt Aase vor.
Was sagst Du da, Herr Sankt Peter?
Der Mutter würd' nicht getraut?
Und ging einer suchen, erspäht' er
Nicht bald solch 'ne ehrliche Haut!
Um mich mag nicht weiter gebangt sein;
Ich kann umdrehn, wenn es sein soll.
Wollt Ihr laden mich, sollt Ihr bedankt sein;
Wenn nicht, scheid' ich auch ohne Groll.
Ich hab' viel geflaust und gefackelt,
Der Teufel konnt's besser kaum tun,
Und Mutter dann, weil sie gegackelt
Und gekräht, geschimpft für ein Huhn.

Doch sie sollt Ihr achten und ehren,
Wie's billig für Leut' ihres Schlags;
Hier wird keine bessre vorkehren
Von irgendwo heutigen Tags. –
Da gebeut Gott-Vater selbst Ruhe!
Jetzt, Petruschen, blüht Dir was!
(Mit tiefer Stimme.)
"Hör' auf mit dem Pförtnergetue;
Alt Aase hat freien Paß!"
(Lacht laut und wendet sich um zur Mutter.)
Als hätt' ich das nicht gerochen!
Jetzt weht's aus 'nem andern Strich!
(Angstvoll.)
Was schaust Du denn so gebrochen?
Du! Mutter! Was ist Dir denn –? Sprich –!
(Tritt ans Kopfende des Bettes.)
Du sollst nicht so stieren und glasen –!
Red', Mutter! Ich bin's doch, Dein Jung'!
(Befühlt vorsichtig ihre Stirn und ihre Hände; darauf wirft er die Schnur auf den Stuhl und sagt mit gedämpfter Stimme:)
Ach so! – Jetzt, Grane, geh grasen.
Jetzt sind wir gefahren genung.
(Schließt ihre Augen und beugt sich über sie.)
Hab' Dank für Dein ganzes Leben,
Für all Deine sorgende Art! –
Doch nun laß auch mich Dank erheben –
(Drückt seine Wange an ihren Mund.)
So – das war der Dank für die Fahrt.

Die Häuslersfrau *(kommt.)*
Je? Peer? – Na, nu geht zu Reste
Die bitterste Sorg' und Not!
Herrgott, wie schläft sie so feste – –
Oder ist sie –?

Peer Gynt. Still; sie ist tot.

(Kari weint an der Leiche. Peer Gynt geht lange umher in der Stube; endlich bleibt er am Bett stehen.)

Peer Gynt.
Gib Mutter die letzte Ehre!
Ich find' hier heraus wohl ein Loch.

Die Frau.
Soll's weit fort gehen?

Peer Gynt. Zum Meere.

Die Frau.
So weit fort!

Peer Gynt. Und weiter noch.
(Ab.)

VIERTER AKT

(An der Südwestküste von Marokko. Palmenwald. Gedeckter Mittagstisch, Sonnensegel, Teppichläufer aus Binsen. Weiter drinnen im Hain Hängematten. Draußen auf dem Meer liegt eine Dampfjacht mit norwegischer und amerikanischer Flagge. Am Strand eine Jolle. Es ist gegen Sonnenuntergang.)

*(**Peer Gynt,** ein hübscher Herr von mittleren Jahren, in elegantem Reiseanzug, eine goldene Lorgnette auf der Brust, führt den Vorsitz als Wirt am Ende des Tisches. **Master Cotton, Monsieur Ballon** nebst den Herren **von Eberkopf** und **Trumpeterstråle** sind im Begriff die Mahlzeit zu beenden.)*

Peer Gynt.
Getrunken, meine Herrn! Geboren
Zu leben, woll'n wir denn auch leben!
Es heißt: Verloren ist verloren,
Hin hin. Was darf ich Ihnen geben?

Trumpeterstråle.
Du bist ein Prachtwirt, Bruder Peer.

Peer Gynt.
Es teil'n sich mit mir in die Ehr'
Mein Geld, Koch, Stewart –

Master Cotton. Very nice!
Ein Glas zu dieser viere Preis!

Monsieur Ballon.
Monsieur, Sie ziert ein goût, ein ton,
Der nicht beim Zehnten heut zu finden,
Der (so wie Sie) lebt als garçon, –
Ein – ein – ich weiß nicht was –

v. Eberkopf. Ein Hauch,
Ein Schimmer geistiger Entnachtetheit
Und Weltenbürgertumgepachtetheit,
Ein scharfer Blick durch Dunst und Rauch,
Den keine Vorurteile binden,
Ein Abglanz höherer Verklärtheit,
Urstoffnatur samt Weltbelehrtheit,
Im Brennpunkt eins der Trilogie.
Nicht wahr, Monsieur; dies meinten Sie?

Monsieur Ballon.
Sehr möglich; klingen die Gedanken
Auch nicht so artig bei uns Franken.

v. Eberkopf.
Ei was! Die Sprach' ist auch zu steif –
Doch woll'n wir zu dem Phänomen
Den Grund ersehn –

Peer Gynt. Ersehn wir*den:*
Ich trage nicht der Ehe Reif.
Ja, meine Herrn; ganz klipp und klar,
Das ist's. Was sei des Mannes Streben?
Er selbst zu sein – nicht wahr?
Sich und dem*Seinen* soll er leben.
Doch kann er dies als Trampeltier
Für andrer Glück? Bezweifl' ich schier!

v. Eberkopf.
Doch dieses An und für sich-Dasein
Blieb, wett' ich, kaum unangefochten –

Peer Gynt.
Wohl wahr; zu seiner Zeit; doch mochten
Mir immer gute Geister nah sein.
Zwar kam es doch ein böses Mal,
Daß ich mich unverhofft verbrühte.
Ich war ein rascher, schmucker Schelm;
Und sie, die Dame meiner Wahl,
Sie war von fürstlichem Geblüte.

Monsieur Ballon.
Von fürstlichem?

Peer Gynt_(wegwerfend.)_
Nun ja, Sie wissen,
Von diesen –

Trumpeterstråle_(schlägt auf den Tisch.)_
– adeligen Trollen!

Peer Gynt_(zuckt die Achseln.)_
Verstaubte Hoheiten, beflissen,
Plebejerflecken fern zu halten
Von ihres Stammes Wappenhelm.

Master Cotton.
Worauf Sie denn zusammenprallten?

Monsieur Ballon.
Die Eltern wollten die Partie nicht?

Peer Gynt.
Im Gegenteil!

Monsieur Ballon.
Ah!

Peer Gynt_(schonend.)_
Sie verstehn!

Es lagen Dinge vor, – nun, – die nicht
Erlaubten mehr, zurückzugehn.
Doch all dies ging – warum's verschweigen! –
Von A bis Z mir widern Strich.
Ich bin in manchen Dingen eigen
Und lass' mich selbst nicht gern im Stich.
Und als der Schwiegervater nun
Gar mit der Fordrung kam geschwommen,
Namen und Stellung abzutun
Und um den Adel einzukommen,
Samt anderm, was schier unannehmbar –
Nicht peinlich bloß und unbequem war, –
So wehrt' ich sanft mich meiner Haut,
Empfahl mich auf sein Ultimatum –
Und Gotte meine junge Braut.
(Trommelt auf dem Tisch mit scheinbarer Andächtigkeit.)
Ja, ja; es herrscht denn doch ein Fatum,
Darauf wir Menschen bauen können; –
Ein Trost, der uns fürwahr zu gönnen!

Monsieur Ballon.
So war die Luft denn wieder rein?

Peer Gynt.
Bis auf ein Nachspiel, unergötzlich; –
Denn Unbefugte mischten plötzlich
Mit lautem Zeter sich hinein.
Zumeist des Hauses jüngre Glieder,
Mit deren sieben ich mich schoß.
Die Zeit vergess' ich wohl nie wieder,
Wiewohl ich sie mit Glück beschloß.
Da ließ ich Blut; doch dieses Blut
Hat meiner Seele Preis verteuert,
Und zeigt erbaulich, kurz und gut,
Wie weis' ein Fatum alles steuert.

v. Eberkopf.
Ihr Weltblick auf der Dinge Gang

Erhebt Sie zu der Denker Rang.
Indes wir immer neuer Szenen
Planlose Flucht zu schauen wähnen
Und nie zum Schluß zu kommen meinen,
Verstehn Sie alles zu vereinen.
Sie messen stets mit gleichem Stabe.
Sie spitzen zu, was Sie auch sprechen,
So daß die Wort' wie Speichen brechen
Aus einer Weltanschauungsnabe. –
Und Sie, Sie hätten nie studiert?

Peer Gynt.
Ich bin, das ist die Wahrheit, nackt,
Ein einfacher Autodidakt.
Methodisch hab' ich nichts gelernt;
Doch viel gedacht und spekuliert
Und mich von manchem Wahn entfernt.
Ich fing als ältrer Mann erst an;
Da heißt es, sich besonders rackern,
Um Seit' auf Seite durchzuackern
Und mitzunehmen, was man kann.
Die Weltgeschichte nahm ich schluckweis;
Mehr wollt' die Zeit mir nicht erlauben.
Und da man doch in schweren Putschen
An etwas Festes möchte glauben,
Anschloß die Religion ich ruckweis.
So kam das Ganze mehr ins Rutschen.
Man schlinge Wissen nicht wie Grütze,
Man nehme nur, was einem nütze –

Master Cotton.
Sieh, das ist praktisch!

Peer Gynt*(zündet sich eine Zigarre an.)*
Meine Besten;
Bedenkt doch nur, wie mir's gegangen.
Wie kam ich damals nach dem Westen!
Mit leerer Hand und roten Wangen.

Ich mußte kämpfen hart ums Brot;
Traun, Freunde, manchmal fiel mir's schwer.
Allein das Leben lockt doch sehr,
Und bitter, sagt man, ist der Tod.
Nun gut! Das Glück, seht, ward nicht flüchtig,
Noch Muhme Fatum gallensüchtig.
Es ging. Und da ich selber tüchtig,
Lief bald die Sache wie auf Federn.
Zehn Jahre drauf ward ich genannt
Ein Krösus unter Charlestowns Reedern.
Mein Name flog von Strand zu Strand;
Das Glück fuhr mit ihm ohne Wandel –

Master Cotton.
Was trieben Sie?

Peer Gynt. Meist Negerhandel
Nach unserm Staate Karolina –
Und Götterbilderfracht nach China.

Monsieur Ballon.
Fi donc!

Trumpeterstråle.
Der Tausend, Onkel Gynt!

Peer Gynt.
Sie finden das Geschäft wohl an
Der Grenze zwischen Gut und Bös?
Mir schien es selbst zuweilen Sünd',
Ja, dann und wann, sogar odiös.
Der Fehler war, daß ich's begann;
Denn später weiß man nicht mehr, wie
Es ändern. Es bedankt sich nie,
Bricht man in solch 'nem Unterfangen,
Drin Tausender Int'ressen hangen,
Die Dinge rundweg übers Knie.
Dies "übers Knie" mißfiel mir immer;
Zudem entbrach ich nie und nimmer

Der Achtung mich vor –, meine Herrn,
Was man so nennet Konsequenzen;
Und alles Setzen über Grenzen
Lag immerdar mir ziemlich fern.
Zum andern naht' ich nun dem Alter,
Wo man des Lebens Gleicher schneidet
Und fast schon graue Haare trägt;
Und ging's auch gut mir, augenscheinlich,
So fiel mir's doch zu denken peinlich:
Wer weiß, wie bald das Stündlein schlägt,
Da des Gerichts gestrenger Walter
Die Schafe von den Böcken scheidet.

Was tun? Den ganzen Handel scheitern
Zu lassen, wies ich von der Hand.
Und so erfand ich einen weitern
Geschäftsbetrieb ins gleiche Land.
So oft ich Götter exportierte,
Zugleich ich Priester exklarierte,
Und zwar mit allem ausgestattet,
Als Strümpfen, Bibeln, Rum und Reis –

Master Cotton.
Und mit Profit?

Peer Gynt. Natürlicherweis.
So ging's. Sie schafften unermattet.
Für jeden Gott, dahin verkauft,
Ein Kuli gründlich ward getauft,
So daß das Gift neutralisiert war.
Der Kirche Feld lag niemals brach;
Denn jeden Gott, der kolportiert war,
Ihn hielt ein Missionar im Schach.

Master Cotton.
Nun, und die afrikanischen Waren?

Peer Gynt.
Auch dort schloß alles in Moral.

Ich sahe, das Geschäft empfahl
Sich nicht für Leut' in höhern Jahren
Man konnt' ja bald zur Grube fahren.
Wozu noch kam das Wehgeschrei
Von unsern Philanthropenbänken,
Um nicht der Kaper zu gedenken
Samt Wettersnot und Havarei.
Dies alles wußt' sich durchzusetzen.
Ich dachte: Peter, drehe bei!
Sieh zu, die Scharten auszuwetzen!
So kauft' ich mir denn Land im Süden,
Behielt den letzten Fleischimport,
Der auch von prima Sorte just war,
Und macht' sie fett, daß es, mein Wort!
Für mich wie für die Kerls 'ne Lust war.
Ja, traun, ich pflegt' sie ohn' Ermüden,
Mit wahrhaft väterlichem Zug, –
Was seine guten Zinsen trug.
Ich baute Schulen für die Leutchen,
Damit die Tugend bliebe munter
Und auf 'ner Höh', geheischt mit Fug,
Und hielt darauf, daß um kein Deutchen
Ihr Thermometer sank darunter.
Zum Schluß hab' ich von dem verdammten
Geschäft mich gründlich dann verschnauft –
Und die Plantag' nebst dem gesamten
Inhalt mit Haut und Haar verkauft.
Zum Abschied für das ganze Schock,
So Groß wie Klein, gab's gratis Grog;
So Mann wie Frau bekam zu viel –
Und jede Witwe Schnupfbrasil.
Und darum hoffe ich, sofern
Das Wort nicht bloß Geklapper hohl:
Der, der nicht übel tut, tut wohl, –
So ist mein Fehl getilgt beim Herrn,
Und meiner Tugend sorglich Walten
Kann meiner Schuld die Stange halten.

v. Eberkopf.
Wie hocherbaulich, hier zu sehen
Ein Theorem zur Tat gemacht,
Erlöst aus seiner grauen Nacht
Trotz allem widrigen Geschehen!

Peer Gynt,*(der während des Vorhergehenden den Flaschen fleißig zugesprochen hat.)*
Wir Volk vom Norden, wir verstehen
Uns durchzuschlagen! In den Wirren
Des Lebens kommt's auf dies nur an:
Halt dir die Ohren zu! So kann
Kein Schlänglein arg dein Wandeln irren.

Master Cotton.
Kein Schlänglein arg, verehrter Mann?

Peer Gynt.
Ja, keins, das dich verführt zum Leiden:
Dich*ganz* zu etwas zu entscheiden.
(Trinkt wiederum.)
Die ganze Kunst, das Glück zu zwingen,
Die Kunst, den Mut der Tat zu haben,
Ist die: wahlfreien Laufs zu traben
Durch dieses Lebens tausend Schlingen, –
Zu wissen, daß zu keinen Tagen
Des Streites letzten Tag man schreibt,
Zu wissen, daß stets offen bleibt
Ein Brücklein, Dich zurückzutragen.
Die Theorie war mir gerecht;
Sie war's, die meinen Wandel färbte,
Und diese Theorie vererbte
Mir meines Heimatgaus Geschlecht.

Monsieur Ballon.
Sie sind Norweger?

Peer Gynt. Von Geblüt!
Jedoch Weltbürger von Gemüt.

Was Gutes mir bislang geschah,
Verdank' ich meist Amerika.
Von wohlbestallten Bücherbrettern
Erbaun mich meine deutschen Vettern.
Von Frankreich kam mir meine Weste,
Mein Scherflein Geist sowie mein Schliff, –
Von England mein Geschäftsbegriff
Samt schärferm Sinn fürs eigne Beste.
Vom Juden mein "festina lente".
Den Hang zum dolce far niente
Gab mir Italien auf den Weg; –
Und einstmals, auf gedrangem Steg,
Vermehrt' ich meiner Tage Zahl
Mit Hilf' von gutem schwedischen Stahl

Trumpeterstråle_(erhebt sein Glas.)_
Ja, unser Stahl –!

v. Eberkopf. Der ihn geschwungen,
Sei vörderst huldigend umklungen!
(Sie stoßen an und trinken mit ihm. Das Blut beginnt Peer zu Kopf zu steigen.)

Master Cotton.
Dies alles ist vortrefflich baß,-
Doch, Sir, – die Frage will nicht ruhn, –
Was woll'n Sie mit dem Gold nun tun?

Peer Gynt.
Hm; was?

Alle vier_(näher rückend.)_
Ja, sagen Sie uns das!

Peer Gynt.
Nun, erstlich werden Weltbereiser
Seht, deshalb nahm ich Euch an Bord
Als Schiffsgesellschaft in Gibraltar.
Ich brauchte Tänzer, auf mein Wort,
Um meines goldnen Kalbes Altar –

v. Eberkopf.
Höchst witzig!

Master Cotton.
Doch verreist ein Weiser
Wie Sie nicht nutzlos seine Tage.
Man hat ein Ziel, ganz ohne Frage.
Und dies ist –?

Peer Gynt. Kaiser werden.

Alle vier. Kaiser?

Peer Gynt*(nickt.)*
Jawohl!

Die Herren.
Und wo?

Peer Gynt. In aller Welt.

Monsieur Ballon.
Ja, wie denn, Freund –?

Peer Gynt. Nun, durch mein Geld!
Ein Plan, nicht erst von gestern her,
Und dem ich treu blieb sonder Wanken.
Als Knab' schon ritt ich in Gedanken
Auf Wolkenrossen übers Meer;
Stieg auf in güldner Waffenziere, –
Und purzelt' ab auf alle Viere.
Doch trotzdem blieb ich unverzagt.
Es gibt da einen Spruch, der sagt,
Ich weiß nicht wo, daß, wenn ein Mann
Die ganze weite Welt gewann,
Doch*sich verlor,* so blüht' als Lohn
Ihm höchstens eine Dornenkron'.
So steht dort – oder ähnlich; und
Dies Wort hat seinen guten Grund.

v. Eberkopf.
Und dieses Gyntsche*Ich* nun ist?

Peer Gynt.
Die Welt hier hinterm Schädelgitter,
Durch die ich*ich* bin und kein Dritter,
Wie Gott Gott und nicht Antichrist.

Trumpeterstråle.
Das wirft auf alles neue Lichter.

Monsieur Ballon.
Sie sind ein Denker!

v. Eberkopf. Und ein Dichter!

Peer Gynt*(immer mehr in Stimmung geratend.)*
Das Gyntsche Ich, – das ist das Heer
Von Wünschen, Lüsten und Begehr, –
Das Gyntsche Ich, das ist der Reihn
Von Forderungen, Phantasein, –
Kurz alles, was just*meine* Brust hebt
Und macht, daß Gynt als solcher just lebt.
Doch wie der Herrgott braucht der Erden,
Soll er bestehn als Gott der Welt,
So hab' auch ich Bedarf an Geld,
Soll ich ein rechter Kaiser werden.

Monsieur Ballon.
Sie haben's doch!

Peer Gynt. Das würd' gelogen sein.
Ja, ja, vielleicht auf zwei, drei Jausen
Als Kaiserlein von Sondershausen.
Doch ich will*ich* in Bausch und Bogen sein,
Will Gynt sein, wo ich geh' und stehe,
Sir Gynt vom Scheitel bis zur Zehe!

Monsieur Ballon*(hingerissen.)*
Beschwör'n die Helena der Sage!

v. Eberkopf.
Am ältsten Rheingewächs sich laben!

Trumpeterstråle.
Die Degen Karls des Zwölften haben!

Master Cotton.
Doch erst 'ne Kapitalsanlage,
Die sich rentiert –

Peer Gynt. Die eben fand ich;
Vergebens nicht ging hier an Land ich.
Heut abend dampfen wir gen Nord;
Denn Blätter melden mir an Bord
Ein Märlein, das so ernst wie neu ist –!
(Steht auf mit erhobenem Glase.)
Als ob dem alles allzusammen
Zum Glück hülf', der sich selber treu ist –

Die Herren.
Und dies ist?

Peer Gynt. Hellas steht in Flammen.

Alle vier.
Die Griechen –?

Peer Gynt. Brachen ihre Dämme.

Die vier.
Hurra!

Peer Gynt.
Und Mahmud ist in Klemme!
(Leert sein Glas.)

Monsieur Ballon.
Nach Hellas! Auf! Uns ruft die Ehre!
Ich helf' mit meiner fränkischen Wehre!

v. Eberkopf.
Ich mit Aufrufen, aus der Ferne!

Master Cotton.
Ich will mit Lieferungen gerne –!

Trumpeterstråle.
Ich hol' (die König Karl verloren
Zu Bender) die berühmten Sporen!

Monsieur Ballon*(fällt Peer Gynt um den Hals.)*
Verzeih'n Sie, Freund, ich hab' von Grund
Aus Sie verkannt!

v. Eberkopf*(drückt ihm die Hand.)*
Ich dummer Hund,
Ich hielt Sie für 'nen Schelmen fast!

Master Cotton.
Das ist zu stark; nur für 'nen Narren –

Trumpeterstråle*(will ihn küssen.)*
Ich, Vaterbruder, für 'nen Farren
Von allergröbster Yankeemast!
Vergib mir!

v. Eberkopf. Wir sind fehlgegangen –

Peer Gynt.
Was heißt das?

v. Eberkopf. Jetzo sehn wir prangen
Vereint das ganze Gyntsche Heer
Von Wünschen, Lüsten und Begehr –!

Monsieur Ballon*(bewundernd.)*
So mußt' sich Monsieur Gynt bewähren!

v. Eberkopf*(ebenso.)*
Das heiß' ich Gynt sein – und mit Ehren!

Peer Gynt.
Ich bitte Sie –

Monsieur Ballon.
Verstehn Sie nicht?

Peer Gynt.
Ich lass' mich hängen, wenn ich's tue!

Monsieur Ballon.
Je nun, mein Bester, gehn Sie nicht
Nach Griechenland mit Schiff und Truhe?

Peer Gynt(*prustet spöttisch.)*
Ach, nein! Ich stütze den, der stärker,
Und leih' dem Türken meine Märker.

Monsieur Ballon.
Unmöglich!

v. Eberkopf. Witzig, – doch gescherzt!

Peer Gynt(*schweigt ein Weilchen, stützt sich auf einen Stuhl und nimmt eine vornehme Miene an.)*
Ich glaub', Ihr Herrn, wir stehn vom Fest
Nun auf, eh' daß der letzte Rest
Von Freundschaft sich verhimmelwärtst.
Wer arm ist, dem ist viel verstattet.
Wenn man vom weiten Rund knapp hat
Das Streiflein Staub, das man beschattet,
Ist man Kanonenfutter, glatt.
Doch hat sein Schäflein man geschoren,
Wie ich, so wäre mehr verloren.
Gehn Sie nach Griechenland! Ich sende
Sie gratis und bewaffnet hin.
Gut! Schüren Sie den Aufruhrsinn –
Und wirken so mir in die Hände!
Drauf los, für Freiheit und für Recht!
Gestürmt! In Türkenblut gezecht!
Und dann zuletzt ein Tod in Ehren
Auf schlanken Janitscharenspeeren. –
Doch ohne mich.
(Schlägt sich auf die Tasche.)
Ich bin nicht frei –
Und bin ich selbst, Sir Gynt. – Good by!
(Er spannt seinen Sonnenschirm auf und geht in den Palmenhain, den Hängematten zu.)

Trumpeterstråle.
Der Schweinekerl!

Monsieur Ballon.
Kein Sinn für Ehre!

Master Cotton.
Ach, Ehre! Wenn es das nur wäre!
Doch denkt Euch: Unser Riesenschnitt,
Wenn nun der Grieche frei sich stritt –!

Monsieur Ballon.
Ich sah mich schon auf Türkenleibern
Bekränzt von Hellas' schönsten Weibern!

Trumpeterstråle.
Ich sah in meiner Hand schon prangen
Die heldengroßen Sporenspangen!

v. Eberkopf.
Ich meines großen Vaterlands
Kultur ausbreiten ihren Glanz –!

Master Cotton.
Das Schlimmst' ist doch der bare Schade.
Goddam! Welch Pech im höchsten Grade!
Schon sah ich den Olymp mir dienen.
Wenn seinem Ruf man darf vertraun,
Enthält der Berg noch Kupferminen,
Die man von neuem könnte baun.
Und dazu dieser Fluß Kastale,
Davon die Red' an dutzend Male,
Mit Fäll'n, berechnet ungefähr
Auf tausend Pferdekraft und mehr –!

Trumpeterstråle.
Ich gehe doch. Mein schwedisch Schwert
Ist mehr als Yankeedollars wert!

Master Cotton.
Mag sein; nur daß wir, erst im Haufen,

In ihm elendiglich ersaufen
Und der Profit in Rauch verpufft!

Monsieur Ballon.
Verdammt! So nah dem Glück zu gasten,
Um so zu stehn an seiner Gruft!

Master Cotton*(mit geballter Faust nach dem Fahrzeug hin.)*
Dort liegt, in diesem schwarzen Kasten,
Des Nabobs güldner Niggerschweiß –!

v. Eberkopf.
Ein königlicher Einfall! Sei's
Gewagt! Das wird sein Todespfeil sein!
Kommt! Kommt!

Monsieur Ballon.
Sie woll'n –?

v. Eberkopf. Ich will die Macht!
Die Mannschaft wird um wenig feil sein.
An Bord! Ich annektier' die Jacht!

Master Cotton.
Sie – was –?

v. Eberkopf. Ich mause, was ich find'.
(Ab nach der Jolle hinunter.)

Master Cotton.
Da heißt mein Vorteil mich geschwind
Mitmausen.
(Folgt ihm.)

Trumpeterstråle.
Eines Schurken Schluß!

Monsieur Ballon.
Ein Diebsstück –! Mais – enfin! Man muß –!
(Folgt den andern.)

Trumpeterstråle.
Dann muß auch ich – der Eintracht wegen –,

Doch protestier' ich laut dagegen.
(Ihm nach und ab.)

(Eine andere Stelle der Küste.)

(Mondschein und treibende Wolken. Die Jacht sticht unter vollem Dampf in See.)

*(**Peer Gynt** läuft den Strand entlang. Bald zwickt er sich in den Arm, bald starrt er hinaus übers Meer.)*

Peer Gynt.
Alpdruck! – Hirnspuk! Wach' ich bald auf?
Sie sticht in See! Und in rasendem Lauf!
Bloßer Hirnspuk! Ich schlaf'! Ich bin trunken und toll!
(Ringt die Hände.)
Das geht doch nicht an, daß ich sterben soll!
(Rauft sich das Haar.)
Ein Traum! Ich will, daß ich träum' und schlaf'!
Entsetzlich! Zwecklos, daß ich mich sperre!
Diese Hunde von Freunden –! O, erhöre mich, Herre!
Du bist ja so weis' und gerecht –! O, straf' –!
(Mit emporgestreckten Armen.)
Ich bin's, Peter Gynt! Laß ein Wunder geschehn!
Nimm Dich meiner an, Vater; sonst muß ich vergehn!
Laß sie stoppen! Laß sie die Gig niederlassen!
Halt die Dieb' auf! Laß sie die Segel falsch brassen!
Hör' mich! Laß warten Kunz Tausendhändig!
Die Welt wird nicht schief gehn ob solcher Verwegenheit!
Ob er wohl hört! Er ist taub, wie beständig.
Das ist eine Wirtschaft! Ein Gott in Verlegenheit!
(Winkt aufwärts.)
Pst! Ich treib' längst nicht mehr Niggerhandel!
Ich hab' China bekehrt zu christlichem Wandel!
Eine Handreichung ist doch der anderen wert!
O, hilf mir –!

(Ein Feuerstrahl schießt aus der Jacht empor, von einer dicken Rauchwolke begleitet; man hört einen hohlen Knall; Peer Gynt stößt einen Schrei aus und

sinkt nieder auf den Sand; nach und nach verzieht sich der Rauch; das Schiff ist verschwunden.)

Peer Gynt *(bleich und leise.)*
Das war der Strafe Schwert!
Versunken mit Mann und Maus, wie ein Stein!
O, ewiglich will ich mein Glück benedein – –
(Gerührt.)
Ein Glücksfall? Nein, hier ist mehr geschehn.
Ich sollte siegen und die vergehn.
O, Preis Dir, daß Du der Not mich entrissen,
Im Aug' mich behalten trotz meinem Gebrest – –
(Atmet tief auf.)
Wie macht es doch wundersam fröhlich und fest,
Sich so separat behütet zu wissen.
Doch werden auch Hunger und Durst mich in Ruh' lassen?
Ach, ich finde wohl was. Das ist *sein* Gewerb'.
Das ist nicht gefährlich; –
(Laut und einschmeichelnd.)
Er wird doch nicht zulassen,
Daß ich armer, kleinwinziger Sperling verderb'!
Nur hübsch demütig sein! Und vergönnen ihm Frist.
Den Herren laß walten; Verzagen wär' töricht –
(Fährt erschrocken zusammen.)
Knurrte dort nicht ein Löwe im Röhricht –?
(Zähneklappernd.)
Nein, 's war wohl kein Löwe.
(Sich ermannend.)
Und wenn's einer ist!
Die Biester, die halten sich doch wohl beiseite.
Mit dem, der sein Herr, da liegt keins gern im Streite.
Sie haben ja Instinkt; – da fühlen sie gewißlich:
Mit Elefanten zu spielen ist mißlich. – –
Doch trotz alledem, – ich such' mir 'nen Baum.
Dort wiegen im Wind sich Akazien und Palmen;
Erst droben, halt' ich den Kerl wohl im Zaum, –
Insonderheit, könnt' ich dazu ein paar Psalmen – –

(Klettert hinauf.)
Man soll nicht den Tag vor dem Abend loben;
Das Schriftwort hat mancher wohl schon bedacht.
(Setzt sich zurecht.)
Wie herrlich, so sitzen, den Geist erhoben!
Edel denken ist mehr, als Reichtum und Macht.
Bloß vertrauen auf Gott! Er kennt die Portion
Vom Kelch des Leidens, die wir vertragen.
Er ist väterlich gegen unsre Person; –
(Wirft einen Blick aufs Meer und flüstert mit einem Seufzer.)
Aber Ökonom, – nein; das kann man nicht sagen.

(Nacht. Marokkanisches Lager am Rand der Wüste.)

(Wachtfeuer und rastende Krieger.)

Ein Sklave*(kommt und rauft sich das Haar.)*
Des Kaisers weißes Roß ist verschwunden!

Ein Anderer SKLAVE*(kommt und zerreißt sich die Kleider.)*
Des Kaisers heilige Tracht ward gestohlen!

Aufseher*(kommt.)*
Hundert jedem auf die Sohlen,
Der bis morgen nichts gefunden! –

(Die Krieger steigen zu Pferde und galoppieren nach allen Richtungen fort.)

(Tagesgrauen. Die Baumgruppe von vorhin.)

Peer Gynt*(auf dem Baume, einen abgebrochenen Zweig in Händen, hält sich einen schwarzen Affen vom Leibe.)*
Vertrackt! So unbequem schlief ich noch nie.
(Haut um sich.)
Bist Du wieder da? Mein Maß voll zu machen!
Jetzt werfen sie Früchte. Nein, andere Sachen.
Ein ekliges Tier, solch ein Affenvieh.
Es steht zwar geschrieben: Du sollst wachen und fechten!
Doch ich kann nicht, weiß Gott, ich bin lahm und matt.
(Wird wieder gestört; ungeduldig.)
Was tun? Ich hab' das Unwesen satt.

Ich fang' mir einen von diesen Hechten,
Häng' ihn und schind' ihn und kriech' in sein Fell,
Sein zottiges, und der vermummte Gesell,
Was gilt's, fährt balde für einen echten. –
Was sind wir Menschen? Nicht mehr als ein Hauch.
Und man muß sich wohl finden in Schick und in Brauch.
Wieder ein Schwarm! Die Schufte sind zäh!
Packt Euch! Psch! Die tun wie Verrückte!
Wer mir nur jetzt einen Schwanz anstückte, –
Daß man mehr wie ein Tier aussäh' –!
Was nun! Da sind sie mir gar überm Kopfe –!
(Blickt aufwärts.)
Der Alte, – mit Fäusten voll von Schmutz –!
(Kriecht ängstlich in sich zusammen und hält sich ein Weilchen still. Der Affe macht eine Bewegung; Peer Gynt beginnt ihm zu schmeicheln und schönzutun wie einem Hunde.)
Je, je, – bist*Du* da, Du alter Butz!
Er ist anständig, gelt, zu mir armem Tropfe!
Er will gar nicht werfen; – das wär' nicht charmant; –
Ich bin's doch! Pip, pip! Wir stellen uns nicht nach, – nicht?
Eia, Eia! Da sag' noch, ich kennte Deine Sprach' nicht!
Butzchen und ich, wir sind lange bekannt;
Butz bekommt morgen Zucker –! Du Vieh!
Die ganze Ladung! Mich*so* vollzudrecken!
Oder war's Futter? Man konnt's nicht recht schmecken;
Doch da bestimmt meist Gewohnheit das Wie.
Sprach doch einmal welches Denkers Vernunft:
Man spuckt – und gewöhnt sich zuletzt in die Zunft? –
Da kommt auch der Nachwuchs noch!
(Ficht und haut.)
Närrisch bestallt,
Daß der Mensch, Herr der Erden und Himmelserbe,
Sich genötigt soll sehn zu –! Gewalt! Gewalt!
Die Rangen verstehn ihr verruchtes Gewerbe!

(Früher Morgen. Steinige Gegend mit Aussicht auf die Wüste.)

(Auf der einen Seite eine Felsenschlucht und eine Höhle.)

*(**Ein Dieb** und **ein Hehler** in der Felsenschlucht mit dem Pferd und den Kleidern des Kaisers. Das Pferd, reich aufgezäumt, steht an einen Stein gebunden. Reiter in der Ferne.)*

Der Dieb.
Wie sie schillern und schlecken,
Die Zungen der Lanzen, –
Schau', schau'!

Der Hehler.
Ich fühl' meinen Kopf schon
Im Sande tanzen;
Au, au!

Der Dieb*(kreuzt die Arme über der Brust.)*
Mein Vater war Dieb;
Sein Sohn muß stehlen.

Der Hehler.
Mein Vater war Hehler;
Sein Sohn muß hehlen.

Der Dieb.
Dein Los trag' ergeben;
Dich selbst sollst Du leben.

Der Hehler*(horcht.)*
Schritte im Gebüsch!
Wenn uns einer erspäht!

Der Dieb.
Tief ist die Höhle
Und groß der Prophet!

(Sie flüchten und lassen die Kostbarkeiten im Stich. Die Reiter verlieren sich in der Ferne.)

Peer Gynt*(kommt, eine Rohrflöte schneidend.)*
Wie holdselig ist diese Morgenstund'! –
Der Mistkäfer rollt seine Kugel im Dreck;
Aus seinem Schneckenhaus kriecht der Schneck.
Ja, ja, – der Morgen hat Gold im Mund!

Es ist doch im Grund eine seltsame Macht,
Womit so Natur das Frühlicht bedacht.
Man fühlt sich so sicher, fühlt alle Furcht schwinden,
Man würde, tät's not, mit 'nem Ochsen anbinden. –
Wie still's hier rings ist! Ja, die ländlichen Freuden, –
Unbegreiflich genug, daß ich einst sie verwarf;
Daß man einkerkert sich in finstern Gebäuden,
Bloß daß jeder Lump dir ins Haus rennen darf. –
Nein, sieh, wie der Eidechs sich Schnaken fängt,
Schnappt, huscht, schnappt und an nichts dabei denkt.
Welch eine Unschuld solch Tier offenbart!
Jedwedes folgt seinem Schöpfer fein züchtiglich,
Bewahrt sich sein Sondergepräg' unverflüchtiglich,
Ist es selbst in jeglicher Lebensart,
Es selbst, es selbst, wie es ward, da es ward.
(Setzt die Lorgnette auf die Nase.)
Ein Krötlein. In einem Sandstein. Guck'!
Versteinerung rings. Nur der Kopf ist heraus.
Da sitzt es und sieht, wie aus einem Haus,
Auf die Welt und ist sich selber – genug. –
(Denkt nach.)
Genug? Sich selber –? In welcher Küchen
Ward*das* Wort gekocht? Wo las ich das schon?
In der Hauspostillen? Oder Salomons Sprüchen?
Vertrackt! Gestehe dir, alter Sohn,
Dein Gedächtnis spricht allem Anstand Hohn.
(Setzt sich in den Schatten.)
Hier ist ein Fleckchen für Bärenhäuter.
Ah, da gibt's Farren! Eßbare Kräuter!
(Schmeckt ein wenig davon.)
Das ist eher Brot für die Kreatur; –
Doch freilich, es heißt: Zwing deine Natur!
Des weiteren steht da: Hochmut vergehet.
Und wer sich erniedrigt, der wird erhöhet.
(Unruhig.)
Erhöhet? Gewiß, so wird mir geschehn; –
Es ist ganz unmöglich, sich's anders zu denken.

Das Schicksal wird meine Schritte lenken.
Dies ist eine Prüfung; ich werd' sie bestehn, –
Und für eine Zukunft, da Freude sein wird, –
Dafern der Herr mir Gesundheit verleihn wird.
(Schüttelt die Gedanken ab, zündet sich eine Zigarre an, streckt sich aus und starrt in die Wüste hinaus.)
Welch unermeßliche, endlose Leere! –
Dort in der Ferne schreitet ein Strauß. –
Was im Gefüge des Weltenbaus
Gott wohl plante mit diesem Meere
Sandes, mit diesem alles versagenden,
Diesem verbrannten, niemandem tragenden; –
Diesem Bruch der Erde, der brach liegt!
Diesem Leichnam, der tempelschänderisch
In der Schöpfung reichem Gemach liegt!
Wozu ward er? Die Natur ist verschwenderisch.
Ist dies die See, dort im Osten, der Flor
Von Silber? Unmöglich! Nur Sinnenbetrug!
Die See liegt im Westen; zurück und empor
Gedämmt durch ragender Dünen Zug –
(Ein Gedanke durchblitzt ihn.)
Gedämmt? So könnt' ich –! Die Höhen sind schmal.
Gedämmt! Ein Durchbruch nur, ein Kanal, –
Und, ein Lebensstrom, würden die Wasser brüllen
Herein durch den Schlund und die Wüste füllen!
Bald würd' der ganze glühende Plan
Blaun, ein gekräuselter Ozean.
Die Oasen würden als Inseln ihn kleiden,
Bergküste würde des Atlas Grat;
Die Segler würden wie Sturmvögel schneiden
Der Karawanen ertrunkenen Pfad.
Lebenshauch würde zerstreuen das Qualmen
Der Dünste, und Tau würde triefen die Wolk';
Stadt um Stadt würde bauen das Volk,
Und Gras würde grünen um schwankende Palmen.
Südwärts der Sahara würd' alle Flur
Küstengebiet mit verjüngter Kultur.

Dampf würde treiben Timbuktus Fabriken;
Bornu bekäm' europäischen Stil;
Nach Habes hinauf würd' den Forscher man schicken
Im sichern Waggon bis zum oberen Nil.
Mitten im Meer, auf 'nem fetten Eiland,
Geb' ich der Norwegerrasse dann Freiland;
Das Gudbrandstal hat ja schier königlich Blut;
Kreuzung mit Arabern 's Übrige tut.
Auf einer Bucht ansteigendem Strand
Geb' dann*Peeropolis* allem die Weihe! –
Die Welt ist abgelebt. Jetzt kommt die Reihe
An Gyntiana, mein junges Land.
(Springt auf.)
Nur Kapitalien, so sprießt es empor. –
Einen Schlüssel von Gold zu des Meeres Tor!
Kreuzzug dem Tod! Heraus aus der Katzen,
Geizhals, die zwecklos gehüteten Batzen!
Für Freiheit pocht es in allen Brüsten; –
Gleich dem Esel der Arche will rufen ich laut
Übern Erdball und bringen die Meerwasserbraut
Meinen harrenden, schmachtenden Zukunftsküsten.
Fort, fort! Kapital zusammengekehrt!
Mein Reich, – mein halbes Reich für ein Pferd!
(Das Pferd wiehert in der Felsenschlucht.)
Ein Pferd! Und Kleider! – Und Waffen – und Schätze
(Tritt näher.)
Unmöglich! Nein, wirklich –! Mir ward wohl gelehrt
Irgendwo, daß der Wille Berge versetze; –
Doch daß er sogar versetzt ein Pferd –!
Gewäsch! Genug: Dort Roß, hie Reiter; –
Ab esse ad posse und so weiter und so weiter –.
(Zieht die Kleider über die seinigen an und blickt an sich herab.)
Sir Peter, – und Türke vom Scheitel bis zur Sohl'!
Wer prophezeite wohl gestern solch Heute!
Spute Dich, Grane mein, preisliche Beute!
(Steigt in den Sattel.)
Güldne Pantoffel als Bügel! Ei wohl!

Am Reitzeug erkennt man die fürnehmen Leute!
(Er galoppiert in die Wüste hinein.)

(Zelt eines Araberhäuptlings, einsam auf einer Oase.)

*(**Peer Gynt** in seiner orientalischen Tracht, auf Polstern ruhend. Er trinkt Kaffee und raucht aus einer langen Pfeife. **Anitra** und **eine Schar Mädchen** tanzen und singen ihm vor.)*

Chor der Mädchen.
Der Prophet ist erschienen!
Der Prophet, mit Allweisheit begabet,
Der Herr, der Prophet ist erschienen,
Zu uns übers Sandmeer getrabet!
Der Prophet, der das Rechte stets triffet,
Uns ist er, uns ist er erschienen,
Zu uns durchs Sandmeer geschiffet!

Jauchzt zu Flöten und Tamburinen:
Der Prophet, der Prophet ist erschienen!

Anitra.
Sein Zelter der Milch gleicht, der weißen,
Die fleußt in des Paradieses Bronnen.
Beugt Euch! Kniet! Er ist gnädig gesonnen!
Seine Augen sind Sterne voll mildem Gleißen.
Doch welch Erdenkind trägt
Den Glanz des Glanzes, der ihnen entschlägt?

Durch die Wüste kam er.
Gold und Perlen entsprangen auf seiner Brust.
Wo er hinkam, ward Glanz und Lust.
Wo er schied, hat der Samum gewütet,
Wo er schied, Nacht und Dürre gebrütet.
Durch die Wüste kam er,
Kam geschmückt er einher,
Wie ein irdisch Geborener!
Die Kaaba, die Kaaba steht leer; –
Selbst hat's beschworen er!

Chor der Mädchen.
Jauchzt zu Flöten und Tamburinen:
Der Prophet, der Prophet ist erschienen!
(Die Mädchen tanzen zu gedämpfter Musik.)

Peer Gynt.
Ich las mal gedruckt, – und darin liegt Verstand, –
Es gilt kein Prophet im eigenen Land.
Dies Leben hier will mir weit besser behagen
Als das eines Reeders in Charlestowns Tagen.
Es war etwas Hohles in all dem Betrieb,
Etwas Unklares, Fremdes, das blieb und blieb.
Ich fühlte mich nie recht daheim unter Dach,
So niemals ganz richtig als Mann von Fach.
Was wollt' ich auch dort nur, so frag' ich mich?
Ein Geschäftsgaul, ewig im Kreis herum traben?
Denk' ich dran, wird mir ganz wunderlich.
Es*traf* sich so;*da* liegt der Hund begraben! –

Du selbst sein wollen von Goldes Gnaden,
Das ist, wie sein Haus auf Sandgrund errichten.
Vor Uhr und vor Ring und den andern Geschichten
Wälzt sich im Kot dir der ganze Schwaden.
Sie ziehen den Hut vor 'ner Brustnadel- Kron';
Aber Ring oder Nadel, ist das die Person?
Prophet; – die Stellung ist sonder Tadel.
Da weiß man doch gleich, was man gilt in der Welt.
Da ist man doch selber der Huldigung Held,
Besieht man's, und nicht seine Börs' oder Nadel.
Man ist, was man ist, und das glatt und blank,
Man schuldet nicht Zufall noch Ungefähr Dank,
Man braucht kein Patent nicht noch Privileg.
Prophet; ja, das ist für mich ein Gepräg'.
Und wie unerwartet mir diese Gift kam!
Bloß sintemal ich durch die Wüste geschifft kam
Und diese Naturkinder traf auf dem Weg.
Der Prophet war erschienen; die Sache war klar.
Es war also nicht mein Plan, zu betrügen –;

Zudem ist prophetisch antworten nicht lügen;
Und zurücktreten kann ich ja immerdar.
Ich bin nicht gebunden; das steht außer Frage –
Das Ganze ist, so zu sagen, privat;
Ich kann gehn, wie ich kam; mein Roß steht parat;
Mit einem Wort, ich bin Herr der Lage.

Anitra*(nähert sich vom Eingang her.)*
Prophet und Herr!

Peer Gynt. Meiner Sklavin Begehr?

Anitra.
Harrend vorm Zelt stehn die Wüstensöhne.
Sie bitten, Dein Angesicht schauen zu –

Peer Gynt. Stopp!
Sag' ihnen, daß mir zunächst ihr Galopp
Statt ihres Gebets in die Ohren dröhne!
Ich will keine Mannsleute hier um mich her!
Die Männer, mein Kind, sind voll Falschheit, – so recht,
Was man sagt, ein unbeständig Geschlecht!
Anitra, Du kannst Dir nicht denken, mein Kind,
Wie hündisch – ich meine: wie sündig sie sind! –
Na, lassen wir das. Getanzt und gesungen!
Der Prophet will vergessen Erinnerungen.

Die Mädchen*(tanzend.)*
Der Prophet ist gut; der Prophet ist betrübt;
Denn die Söhne des Staubs haben Böses verübt.
Der Prophet ist mild; seiner Mildheit sei Preis!
Er führet die Sünder zum Paradeis.

Peer Gynt,*(während er mit seinen Augen Anitra beim Tanze folgt.)*
Wie Trommelschlegel fliegen die Beine.
Ei! Sie ist wahrhaft lecker, die Kleine.
Sie hat etwas extravagante Formen, –
Nicht stimmend ganz mit der Schönheit Normen;
Doch was ist Schönheit? Ein Herkommen nur, –
Eine Münze, gangbar nach Ort und Uhr.

Und just das Extravagante schmeckt süppig,
Auslöffeltest du die normale Welt.
Wo die Regel herrscht, wirst um den Rausch du geprellt.
Entweder höchst mager oder höchst üppig,
Entweder blutjung oder schreckhaft alt; –
Was dazwischen, läßt kalt.
Ihre Füße – sind zwar nicht blendend an Reine,
Auch die Arme sind's nicht, zumal nicht der eine.
Doch ist dies schließlich' kein arges Laster.
Ich nennt' es eher ein Schönheitspflaster – –
Anitra, hör' zu!

Anitra*(nähert sich.)*
Deine Sklavin lauscht!

Peer Gynt.
Du bist reizend, Kind! Der Prophet ist berauscht!
Und willst Du nicht glauben, vernimm als Beweis:
Er macht Dich zur Huri im Paradeis.

Anitra.
Unmöglich, Herr!

Peer Gynt. Du glaubst, es sei Scherz?
Ich schwör' Dir's, so wahr ich hier sitze, mein Herz!

Anitra.
Doch ich hab' keine Seele.

Peer Gynt. Die kannst Du erhalten.

Anitra.
Doch wie, o Herr?

Peer Gynt. Des laß*mich* nur walten.
Ich werd' Dein Erzieher und geb' Dir Stunden.
Keine Seele! Ja, dumm bist Du freilich, Schatz,
Wie man sagt. Das hab' ich mit Schmerz empfunden.
Doch für eine Seel', da ist immer noch Platz.
Komm her; laß mich Deinen Hirnkasten messen. –
Ich hab's doch gewußt: Hier ist Raum; hier ist Raum.

Zwar wirst Du nicht Weisheit mit Löffeln essen;
Denn 'ne sonderlich große Seele wird's kaum – –
Ach, was! Ich will Dir wohl, wie Du sehn kannst; –
Du sollst so viel kriegen, daß Du bestehn kannst – –

Anitra.
Der Prophet ist gut, doch – –

Peer Gynt. Du willst nicht einmal?

Anitra.
Ich wünschte lieber –

Peer Gynt. Sprich ohne Hehl!

Anitra.
Ich mache mir nicht so viel aus 'ner Seel'; –
Gib mir lieber –

Peer Gynt. Was?

Anitra(*zeigt auf seinen Turban.*)
Diesen schönen Opal!

Peer Gynt(*hingerissen, indem er ihr das Schmuckstück reicht.*)
Anitra! Evaskind, unverzagtes!
Magnetisch lockst Du; denn ich bin Mann,
Und – ein geachteter Schriftsteller sagt es: –
"Das ewig Weibliche zieht uns an!"

(Mondscheinnacht. Palmenhain vor Anitras Zelt.)

*(**Peer Gynt,** mit einer arabischen Laute in der Hand, sitzt unter einem Baume. Sein Haar und Bart sind gestutzt; er sieht bedeutend jünger aus.)*

Peer Gynt(*spricht und singt.*)
Ich sperrte zu mein Paradies
Und nahm den Schlüssel mit.
Der Nord mein Schiff vom Strande blies,
Indes die Schönen, die ich ließ,
Nachweinten meinem Schritt.
Gen Süden schnitt des Kieles Pflug
Der Salzflut schwankend Land.

Wo schlanker Palmen stolzer Zug
Geleitet blauer Buchten Bug,
Da steckt' ich es in Brand.
Ein Wüstenschiff erklettert' ich,
Ein Schiff auf Beinen vier.
Aufschäumt' es unterm Sporenstich; –
Ich bin ein Vogel; fange mich, –
Vom Zweig ich tirilier'!
Anitra, Palmenmost! Wer mäß'
Von Dir genug sich zu!
Selbst der Angoraziege Käs
Ist kaum ein halb so süß Geäs,
Anitra, ach, denn Du!
(Hängt die Laute über die Schulter und kommt näher.)
Lauscht sie mit gespannter Miene?
Hat mein Liedchen sie gehört?
Späht sie, hinter der Gardine,
Undrapiert und hold betört?
Horch! Das klang, als ob gewaltsam
Von 'ner Flasch' der Stöpsel sprang.
Da! Da wieder! Welch ein Klang!
Liebesseufzer? – Nein, Gesang; – –
Nein, – ein Schnarchen, unaufhaltsam. –
Süßer Laut! Anitra, schlummere!
Nachtigall, hör' auf zu flehn!
Jedes Leid soll dir geschehn,
Störst du frech ihr sanft Geschummere!
Zwar es heißt: wie's geht, mag's gehn!
Bülbül ist wie ich ein Sänger;
Ach, ich will es nur gestehn:
Beide sind wir Rattenfänger
Kleiner, liebeskranker Feen.
Laue Nacht und Liederschall
Sind uns gleiche Herzensweide;
Wenn wir singen, sind wir beide
Wir, Peer Gynt und Nachtigall.
Und just, daß sie schläft, die Kleine,

Krönt mein Glück; just dies, daß meine
Lippen schier den Becher kippen,
Ohne dran auch nur zu nippen – –;
Doch da ist sie ja, – halloh!
Nun, 's ist gleich, so oder so.

Anitra(*vom Zelt her.*)
Riefst Du, Herr, nach Deiner Magd?

Peer Gynt.
Der Prophet, ja, hat gerufen.
Tollgewordne Katzen schufen
Störung ihm mit ihrer Jagd.

Anitra.
Ach, kein Jagdgelärm war, Herr, es;
Etwas weit Verfänglicheres.

Peer Gynt.
Was denn?

Anitra. Laß mich schweigen!

Peer Gynt. Sprich!

Anitra.
Ich erröte –

Peer Gynt(*nähert sich ihr.*)
War's am Ende,
Was so ganz erfüllte mich
Bei des Steins verliebter Spende?

Anitra(*erschrocken.*)
Dich vergleichen, Erdenzier,
Einem eklen Katzentier!

Peer Gynt.
Kind, im Punkt der Liebe steht
Oft ein Kater und Prophet
Auf dem nämlichen Tapet.

Anitra.
Herr, des Scherzes Rede geht wie
Honig Dir vom Mund.

Peer Gynt. Mein Kind;
Du, wie Dein Geschlecht, Ihr seht nie
Große Männer, wie sie sind!
Ich bin scherzhaft, laß Dir sagen,
Und zu zweien umsomehr.
Meine Stellung läßt mich tragen
Einer Maske ernste Wehr.
Pflichten machen ungemächlich;
All dies Sorgen und Gescher'
Mit den Leuten hin und her
Macht mir oft den Kopf recht schwer;
Doch dies ist nur oberflächlich. –
Dummes Zeug! Im Tête-à-tête
Bin ich Peer, – ja der, nur der.
Hui, da läuft er, der Prophete;
Und hier hast Du Deinen Peer!
(Setzt sich unter einen Baum und zieht sie an sich.)
Komm, Anitra, komm und träume
Mit mir in der Palme Fächeln!
Ich will flüstern, Du sollst lächeln;
Wollen dann die Rollen wechseln;
Und, indes ich lächelnd säume,
Sollst Du Liebesworte drechseln!

Anitra*(legt sich ihm zu Füßen.)*
Süß sind Deine Worte, mag mir
Auch ihr Sinn nur selten nahen.
Herr, kann Deine Tochter, sag' mir,
Also lauschend Seele fahen?

Peer Gynt.
Seele, Geistes Licht und Wissen
Sollst Du seiner Zeit nicht missen.
Wenn im Ost auf Rosenstreifen

Golddruck meldet: Nacht verschwunden!
Geb' ich Dir, mein Püppchen, Stunden;
Und Du sollst mir köstlich reifen.
Aber in der Mondnacht Stille
Wär' es eines Toren Grille,
Mit verstaubter Weisheit Beten
Als Magister aufzutreten. -
Ist doch auch der Seele Lehen
Nicht als Hauptsach' zu begreifen.
Wird doch meist aufs Herz gesehen.

Anitra.
Herr! In Deiner Rede Strahlen
Schillert Glanz, wie von Opalen.

Peer Gynt.
Geist, zu scharf, ist Geisteslosheit;
Feigheit, aufgeknospet, Bosheit;
Wahrheit in der Übergift,
Rückgewandte Weisheitsschrift.
Ja, mein Kind, Gott soll mich strafen,
Lebt nicht manch ein Feuergeist,
Dem sich der Erkenntnis Hafen
Erst nach schweren Stürmen weist.
Kannte einen dieser Kerle, -
In dem ganzen Brack die Perle; -
Und selbst dieser Mann ging irre,
Ward verführt vom Weltgewirre; - -
Siehst Du rings die Wüste gähnen?
Wenn ich bloß den Turban schwenke,
Strömt das Meer aus hundert Hähnen
Seine Flut in ihr Gesenke.
Doch ich hätte Gimpelgrütze,
Schüf' ich diese Wüstenpfütze.
Weißt Du, was bedeutet: leben?

Anitra.
Lehr' mich's!

Peer Gynt. Dies: Den Zeitstrom schweben
Unbenetzten Schuh's zu Tal
Als sein eigenst Ideal.
Nur in Vollkraft kann ich der sein,
Der ich bin, kann Peer als Peer sein!
Alter Weih verliert die Federn,
Alter Bock wird welk und ledern,
Alte Trulle keift aus Lücken,
Alter Trottel hinkt an Krücken, –
Jedem wird die Seele greis.
Jugend! Jugend! Herrschen, thronend
Wie ein Sultan, heil und heiß, –
Nicht durch Gyntianas Banken,
Unter Palmenlaub und Ranken, –
Sondern weil in den Gedanken
Einer reinen Jungfrau wohnend! –

Wirst Du nun noch zweifelnd fragen,
Kind, warum ich Dich erküret,
Gnädiglichst Dein Herz gerühret,
Dort gegründet, sozusagen,
Meines Wesens Kalifat?
Deine Sehnsucht will ich haben.
Allgewalt in meinem Staat!
Du sollst sein allein die Meine.
Peer mit seinem Geist und Gaben
Sei Dir mehr denn Gold und Steine.
Scheiden wir, so ist das Leben
Ausgelebt, – das heißt, das Deine!
All Dein Du, inbrünstiglich,
Willenlos mir hingegeben,
Sei erfüllt von meinem Ich.
Deiner Locken nächtlich Blinken,
Was Dir Grazien nur gewährten,
Soll, wie babylon'sche Gärten,
Mir zu Sultansfesten winken.

Darum ist auch die Entnachtung
Deiner Stirn so nötig nicht.
Hat man Seele, ist Betrachtung
Seiner selbst die erste Pflicht.
Höre, da ich just dran denke;
Du sollst haben, macht's Dich froh,
Einen Ring ums Fußgelenke; –
Jeder fährt am besten so;
Ich mich Dir als Seele schenke,
Und sonst alles: status quo.
(Anitra schnarcht.)
Wie? Sie schläft! Peer Gynt, versenke
Deine Hoffnung –! Dies beweist –
Halt! – just deinen mächt'gen Geist:
Deiner Liebesrede Schäumen
Trägt sie fort zu süßen Träumen. –
(Erhebt sich und legt ihr Schmuckgegenstände in den Schoß.)
Hier sind Spangen! Hier noch mehr!
Schlaf, Anitra! Träum' von Peer – –!
Schlaf! Im Schlaf hast Du die Krone
Deinem Kaiser dargebracht!
Durch Persönlichkeit zum Throne
Kam Peer Gynt in dieser Nacht.

(Karawanenweg. Die Oase, zurückliegend, in weiter Ferne.)

*(**Peer Gynt,** auf seinem weißen Pferd, jagt durch die Wüste. Er hat **Anitra** vor sich auf dem Sattelknopf.)*

Anitra.
Laß sein; ich beiße!

Peer Gynt. Du kleiner Schalk!

Anitra.
Was willst Du?

Peer Gynt. Was? Spielen Täubchen und Falk!
Dich entführen! Tolle Geschichten machen!

Anitra.
Schäm' Dich! Ein alter Prophet –!

Peer Gynt. Firlefanz!
Der Prophet ist nicht alt, Du kleine Gans!
Macht man im Alter noch solche Sachen?

Anitra.
Laß los! Ich will heim!

Peer Gynt. Jetzt bist Du kokett.
Also heim! Zum Schwiegervater! Wie nett!
Wir tollen Vögel, die Reißaus genommen,
Wir dürfen ihm nie mehr vor Augen kommen.
Zum andern bleibe man nicht, mein Schatz,
Für längere Zeit an demselben Platz;
Man verliert in der Achtung, je mehr man bekannt wird; –
Zumal, wenn man kommt als Prophet oder so.
Man gehe vorüber, rasch wie ein Bonmot.
Es war schon so weit, wo die Sache gespannt wird.
Deine Wüstensöhne wurden verdrießlich; –
So Gebete wie Weihrauch versagten schließlich.

Anitra.
Doch Du*bist* doch Prophet?

Peer Gynt. Ich bin Dein Kaiser!
(Will sie küssen.)
Guck', was für ein kleiner Bärenbeißer!

Anitra.
Gib mir den Ring da von Deinem Finger!

Peer Gynt.
Nimm, süße Anitra, die ganzen Dinger.

Anitra.
Wie klingt Deine Rede so wonniglich.

Peer Gynt.
O selig, wer so hoch geliebt wird wie ich!
Hinab! Und das Pferd geführt, als Dein Sklav'!

(Reicht ihr die Reitpeitsche und steigt ab.)
So, meine Rose, meine liebliche Blume,
Hier will ich Sand treten zu Deinem Ruhme,
Bis mich ein Sonnenstich gnädiglich traf.
Ich bin jung, Anitra; das hab' vorm Auge,
Du mußt's nicht so streng nehmen, wenn ich nichts tauge.
Sieh, neigt nicht just Jugend zu allerlei Tänzchen?
Hätt' also Dein Geist mehr Schliff und mehr Schwung,
So würdest Du schließen, mein reizendes Pflänzchen, –
Dein Liebster macht Unsinn, – ergo ist er jung!

Anitra.
Ja, Du bist jung. Hast Du nicht noch mehr Ringe?

Peer Gynt.
Da; nimm! Ich bin ein Bock, und ich springe!
Wär' hier wo Weinlaub, ich setzte mir 'nen Kranz auf!
Ja, weiß Gott, bin ich jung! Und jetzt sing' ich mir zum Tanz auf!
(Tanzt und singt.)
Ich bin ein Hahn, ein glückseliger!
Pick' mich, Du kleine Henne!
Ei! Hopp! Da schau, wie ich renne; –
Ich bin ein Hahn, ein glückseliger!

Anitra.
Du schwitzest, Prophet; Du zergehst mir ja fast!
Reich' mir vom Gurt dort die baumelnde Last!

Peer Gynt.
Zärtliche Sorg'! Nimm den Beutel für immer!
Liebenden Herzen ist Gold nur ein Schimmer.
(Tanzt und singt wieder.)
Jung Peer Gynt ist ein Tollhans!
Er weiß nicht, auf welchem Fuß er stehn soll.
Pah, sagt Peer, – geh's, wie's gehn soll!
Jung Peer Gynt ist ein Tollhans!

Anitra.
Wunderfein tanzt der Prophete gestreng!

Peer Gynt.
Prophet? Dummes Zeug! – Komm, tauschen wir Kleider!
Zieh aus!

Anitra. Dein Gurt und Dein Kaftan ist leider
Zu weit und zu lang und Dein Strumpfwerk zu eng –

Peer Gynt.
Eh bien!
(Kniet nieder.)
Doch schaff' mir ein heftiges Leid;
Liebenden Herzen ist Leiden köstlich!
Kommen wir dann in mein Schloß, seiner Zeit, –

Anitra.
In Dein Paradies; – liegt's noch*sehr* weit östlich?

Peer Gynt.
O, wohl tausend Meilen –

Anitra. Zu weit!

Peer Gynt. Gemach!
Du bekommst auch die Seele, von der ich Dir sprach –

Anitra.
Ich danke; das kommt nicht so sehr in Frage.
Doch Du batst um ein Leid –

Peer Gynt*(steht auf.)* Ja, zum Teufel! Ein Weh,
Gewaltsam, doch kurz, – so auf zwei, drei Tage!

Anitra.
Anitra gehorcht dem Propheten! – Ade!
(Sie zieht ihm einen tüchtigen Hieb über die Finger und jagt in fliegendem Galopp zurück durch die Wüste.)

Peer Gynt*(steht eine lange Weile wie vom Blitz gerührt.)*
Na, da soll aber doch – – –!

(Dieselbe Stelle. Eine Stunde später.)

*(**Peer Gynt** zieht, bedächtig und nachdenklich, die Türkenkleider aus, Stück für Stück. Zuletzt nimmt er seine kleine Reisemütze aus der Rocktasche, setzt sie auf und steht wieder in seiner europäischen Tracht da.)*

Peer Gynt,*(indem er den Turban weit von sich fortschleudert.)*
Dort liegt der Türke, und hier steh' ich.
Dieses heidnische Wesen hat einen Stich.
Ein Glück, daß ich's nur in den Kleidern getragen,
Daß sich's nicht, wie man sagt, aufs Herz mir geschlagen.
Was wollt' ich nur eigentlich, frag' ich mich?
Man tut doch am besten, als Christ zu wandeln,
Zu verschmähn des Pfauenhabits Geprahl,
Zu stützen sein Tun auf Gesetz und Moral,
Man selber zu sein und dafür sich einmal
Einen Nachruf und einen Kranz einzuhandeln.
(Macht einige Schritte.)
Das Dirnchen! – Es hing nur an einem Haar,
Daß ich nicht mehr zur Vernunft erwachte.
Ich will ein Troll sein, sofern mir klar,
Was es war, das mich also von Sinnen brachte.
Na, gut, daß es aus ist! Ein Schritt noch vom Pfade, –
Und ich war lächerlich ohne Gnade.
Ich hab' mich versehn, – doch, ich darf mir's gestehn,
Nur infolge der Schiefe der Stellung versehn,
Nicht selbst als Persönlichkeit jedenfalls.
Ja, mußte nicht just dies prophetische Wallen,
So ganz ungewürzt von der Wirksamkeit Salz,
Zuletzt in Geschmacklosigkeit verfallen?
Eine böse Bestallung, Prophet zu sein!
In seinem Beruf soll man gehn wie in Wolken; –
Prophetisch betrachtet, büßt man flugs ein,
Sobald man aufhört, Unsinn zu kolken.
Insofern bin ich mehr als entschuldigt,
Daß ich der dummen Gans da gehuldigt.
Doch, nichtsdestominder –
(Bricht in Lachen aus.)
Man stelle sich vor!

Die Zeit will er stoppen durch Trippeln und Tänzeln!
Schwimmen wider 'n Strom mit Schweifeln und Schwänzeln!
Lustgirrend hupft er, die Laute zupft er,
Und endet zuletzt als Hahn, – als gerupfter.
Fürwahr, ein Prophet, der die Zügel verlor! –
Gerupft, ja! – Brr! Bin ich abgebrannt!
Na; etwas ist noch in der Hinterhand,
In der Charlestowner Bank und in meinen Taschen;
Es ging also doch nicht alles durch die Maschen –
Überlegt man's, ist solch ein Zustand viel wert.
Man ist nicht gebunden an Kutscher noch Pferd,
Hat nicht mit Koffer und Karren Plage,
Kurz, wie man sagt, man ist Herr der Lage. –
Wohin nun des Wegs? Was sei nun erkoren?
Am Wählen kennt man den Weisen vom Toren.
Mein Geschäftsleben ist ein beschlossen Kapitel;
Mein Liebesspiel ist ein beseitigter Kittel.
Zu Krebsgang hab' ich nicht Lust noch Grund.
Hin und zurück, 's ist der gleiche Weg,
Hinaus und hinein, 's ist der gleiche Steg, –
Sagt ja wohl irgend ein geistreicher Mund. –
Wenn mir nur jetzt etwas Neues durch den Sinn führe,
Etwas Großes, bei dem man zugleich mit Gewinn führe!
Ob ich mein Leben schreib', ungeschminkt, wahrhaft, –
Ein Vademecum, so schmackhaft wie nahrhaft? –
Oder –! Wer gleich beim Gelehrten endete – –
Und, ein reisender Forscher, mit seinem Span
Dem Einst in den dunklen Rachen blendete?
Bei Gott, ein höchst erwägbarer Plan!
Vor Chroniken bin ich nie abgebogen,
Und war auch der Wissenschaft immer gewogen. –
Wohlan denn, durchmessen der Menschheit Bahn!
Ich schwimm' auf dem Strom der Geschichte wie ein Flaum,
Ich durchlebe sie nochmals, als wie in einem Traum, –
Seh' der Helden Kämpfe für Gut und Groß,
Doch aus sicherm Versteck, als Zuschauer bloß; –
Seh' der Denker Fall, der Märtyrer Glorie,

Seh' Reiche sich bilden und Reiche vergehn, –
Seh' Weltepochen aus Kleinem entstehn;
Kurzum, schöpf' ab den Rahm der Historie. –
Ich muß mir einen Band Becker erhandeln
Und dann chronologisch die Welt durchwandeln.
Wohl wahr, – Geschichte ist nicht meine Stärke –
Und sinnverwirrend ihr innres Gewerke! –
Doch, pah! Je toller der Ausgangssatz ist,
Um so seltener oft der gefundene Schatz ist. – –
Erhabner Gedanke, solch Ziel sich zu stecken,
Und vor nichts, was es fordert, zurückzuschrecken!
(Still bewegt.)
Aus allen Banden fahren und schlüpfen,
Die dich mit Heimat und Freunden verknüpfen, –
In die Luft sprengen all deines Reichtums Pracht, –
Sagen dem Glück deiner Liebe gutnacht, –
Nur, um zu finden der Wahrheit Mysterium, –
(Zerdrückt eine Träne im Auge.)
Das ist des echten Forschers Kriterium.
O Unglück, du hast deinen Stachel verloren!
Ging mir doch auf nun, wozu ich geboren!
Und nun bloß aushalten, kommt's noch so schwül!
Hoch nun darf ich mein Haupt wieder tragen, –
In meines Manneswerts Wohlgefühl;
Ein Kaiser des Lebens, sozusagen! –
Der Vergangenheit Summe will ich besitzen;
Nie mehr die Wege der Heutigen schwitzen; –
Die Gegenwart ist keine Schuhsohle wert;
Die Männer sind nur dem Gewinn zugekehrt,
Ihre Geister sind lahm, ihre Taten unecht; – –
(Zuckt die Achseln.)
Und die Weiber, – ein unbeständig Geschlecht! –
(Ab.)

(Sommertag. Hoch im Norden. Eine Hütte im Hochwald.)

(Offene Tür mit einem großen hölzernen Schloß. Rentiergeweih über der Tür. Eine Schar Ziegen an der Hauswand.)

*(**Ein Weib von mittleren Jahren,** licht und schön, sitzt und spinnt draußen im Sonnenschein.)*

Das Weib *(wirft einen Blick den Weg hinab und singt:)*
Vielleicht geht der Winter, und der Frühling folgt nach,
Und der Sommer dazu, und das ganze Jahr; –
Aber einst wirst Du kommen, das, weiß ich, ist wahr;
Und ich werde warten, wie ich Dir's versprach.
(Lockt die Ziegen, spinnt und singt wieder:)
Gott stärke Dich, wo in der Welt Du auch gehst!
Gott segne Dich, wenn Du vor seinem Fuß-Schemel stehst!
Hier wart' ich, mein Freund, bis Du kommst, nach Deinem Wort;
Und wartest Du dort oben, so treffen wir uns dort!

(Ägypten. Morgendämmerung. Die Memnonssäule im Sande.)

*(**Peer Gynt** kommt gegangen und sieht sich eine Weile um.)*

Peer Gynt.
Hier könnten wir füglich beginnen zu wandern; –
Jetzt also Ägypter, nach all dem andern;
Doch Ägypter auf Basis des Gyntischen Ichs.
Dann geht's nach Assyrien graden Strichs.
Bis an die Erschaffung der Welt zu rühren,
Das würde nur zum Verderben führen; –
Ich will ganz herum um die Bibelgedichte;
Man spürt sie ja überall in der Geschichte;
Und ihnen nachsehn, sozusagen, die Nähte, –
Dazu fehlt mir Neigung wie Handwerksgeräte.
(Setzt sich auf einen Stein.)
Nun will ich hier rasten und warten geduldig.
Zunächst ist mir Memnon sein Morgenlied schuldig.
Dann werde die Pyramide bestiegen,
Auch ihr Innres erforscht, wo die Könige liegen.
Darauf auf dem Landweg ums rote Meer;
Vielleicht grab' ich Potiphar aus und sein Heer.
Dann bin ich Asiat. In Babylon werden
Besucht die berüchtigten hängenden Gärten,
Will heißen, die Hauptstätten seiner Kultur.

Ein Sprung – und ich bin auf trojanischer Flur.
Von Troja hab' ich ja dann direkte
Verbindung hinüber zum alten Athen; –
Dort will ich an Ort und Stelle besehn
Und befahren den Paß, den Leonidas deckte; –
Dann etwas Philosophie betreiben,
Und das Haus, worin Sokrates starb, beschreiben – –;
Weiß Gott, da vergaß ich ja, daß sie just kriegen –!
So bleibe der Hellenismus denn liegen.
(Sieht auf die Uhr.)
Teufel auch, macht diese Sonne Flausen,
Bis sie heraufkommt. Meine Zeit ist knapp.
Also, von Troja, – da kam ich ab – –
(Steht auf und lauscht.)
Horch! Was für ein verwunderlich Sausen?
(Sonnenaufgang.)

Die Memnonssäule*(singt:)*
Himmelan steigen aus göttlicher Asche
Vögel voll Singen.
Zeus, der geistweite,
Schuf sie zum Streite.
Weisheitseule,
Wo schlafen ihre Schwingen?
Stirb – oder hasche
Den Sinn der Säule!

Peer Gynt.
Wahrhaftig, – hab' ich nicht einen Tic,
So klang just die Säule! Vergangenheitsmusik!
Ganz hörbar der Steinstimme Fallen und Steigen.
Ad notam. Einst den Gelehrten zu zeigen.
(Notiert ins Taschenbuch:)
"Die Säule sang. Deutlich den Klang vernommen;
Doch nicht zum Verständnis des Textes gekommen.
Das Ganze natürlich Betrug der Sinne. –
Sonst nichts observiert von höherem Gewinne."
(Setzt seinen Weg fort.)

(In der Nähe des Dorfes Gizeh.)

(Die große aus dem Felsen gehauene Sphinx. In der Ferne Kairos Kirchtürme und Minarets.)

*(**Peer Gynt** kommt des Weges; er betrachtet die Sphinx aufmerksam, bald durch die Lorgnette, bald durch die hohle Hand.)*

Peer Gynt.
Wo hab' ich in aller Welt nur schon
Ein diesem ähnlich Geschöpf gesehn?
Im Norden? Im Süden? War's eine Person?
Und wenn! An wen gemahnt's mich, an wen?
Held Memnon glich, wie mich's später durchfuhr,
Den sogenannten – Dovre-Alten,
So wie er dasaß, stotzig und stur,
Den Sitz von Säulenstumpfen gehalten. –
Doch dieser seltsame Kreuzungsversuch,
Dieser Wechselbalg, beides, so Löwe wie Weib, –
Hab' ich den auch aus 'nem Märchenbuch?
Oder*sah* ich schon einmal solch einen Leib?
Ein Märchenspuk? Ha, jetzt beginnt mir's zu tagen!
Das ist ja der Krumme, den ich einstens erschlagen, –
Das heißt, ich träumte, – ich lag im Fieber. –
(Tritt näher.)
Die Augen, die Lippen, dasselbe Kaliber; –
Nicht ganz so flau; mehr Falsch im Gesichte;
Doch sonst im ganzen dieselbe Geschichte.
So, so, Du gleichst einem Löwen, Krummer,
Wenn man von hinten Dich sieht und bei Lichte!
Macht Dir wohl Rätselraten noch Kummer?
Gibst wieder Antwort wie letzter Frist Du?
(Ruft der Sphinx zu:)
He, Krummer, wer bist Du?

Eine Stimme*(hinter der Sphinx.)*
Ach, Sphinx, wer bist Du?

Peer Gynt.
Das Echo antwortet deutsch! Untrüglich!

Die Stimme.
Wer bist Du?

Peer Gynt. Es spricht die Sprache vorzüglich!
Da hab' ich etwas ganz Neues entdeckt.
(Notiert in sein Buch:)
"Echo spricht deutsch. Berliner Dialekt."

*(**Begriffenfeldt** kommt hinter der Sphinx hervor.)*

Begriffenfeldt.
Ein Mensch!

Peer Gynt. Ach so! Also falsch geraten.
(Notiert wieder.)
"Kam später zu anderen Resultaten."

Begriffenfeldt*(unter allerhand unruhigen Gebärden.)*
Eine Lebensfrage –! Verzeihen Sie –!
Was führt Sie just heute durch diese Landschaft?

Peer Gynt.
Ein Besuch. Bei einem Jugendfreund.

Begriffenfeldt. Wie?
Die Sphinx hier ist –?

Peer Gynt*(nickt.)* Eine alte Bekanntschaft.

Begriffenfeldt.
Famos! Und das just nach dieser Nacht!
Mein armer Kopf ist nah dran, zu zerbrechen!
Wohlan! So tun Sie den Mund auf und sprechen!
Was ist sie?

Peer Gynt. Wenn Sie das glücklich macht, -
Sie ist*sie selbst.*

Begriffenfeldt*(mit einem Sprung.)*
Ha; der Welt Lösung tagt! Sie

Sind dessen gewiß? Sie wär' in der Tat
Sie selbst?

Peer Gynt. Jawohl; so wenigstens sagt sie

Begriffenfeldt.
Sie selbst! Die Stunde der Umwälzung naht!
(Nimmt den Hut ab.)
Ihr Name, mein Herr?

Peer Gynt. Peer Gynt, mit Vergunst.

Begriffenfeldt.
Peer Gynt! Allegorisch! Das stand zu erwarten. –
Peer Gynt? Das bedeutet: den längst erharrten,
Den kommenden Meister der Auslegekunst –

Peer Gynt.
Sie warteten meiner –? Zu viel der Ehre!

Begriffenfeldt.
Peer Gynt! Tiefsinnig! Rätselvoll! Graß!
Jedes Wort ist gleichsam ein Faß an Lehre!
Was sind Sie?

Peer Gynt*(bescheiden.)*
Ich trachtete stets, daß ich wäre
Ich selbst. Im übrigen – hier mein Paß.

Begriffenfeldt.
Ich selbst! Es wird immer mysteriöser!
(Faßt ihn ums Handgelenk.)
Nach Kairo! Kaiser der Rätsellöser!

Peer Gynt.
Kaiser?

Begriffenfeldt.
Kaiser –

Peer Gynt. Wie er mich erkennt –!

Begriffenfeldt,*(indem er ihn mit sich zieht.)*
Der Interpreten – auf des Selbst Fundament!

(Kairo. Ein großer Hofraum mit hohen Mauern und von Gebäuden umgeben.)

(Gitterfenster; eiserne Käfige.)

*(**Drei Wächter** im Hofe. Ein vierter kommt.)*

Der Kommende.
Schafmann; wo ist der Direktor, sag'?

Ein Wächter.
Ausgefahren lange vor Tag.

Erster.
Ich glaub', es ist ihm ein Unglück geschehn;
Heut nacht nämlich –

Ein Anderer. Pst; die Torflügel gehn.

*(**Begriffenfeldt** führt **Peer Gynt** herein; schließt das Tor und steckt den Schlüssel in die Tasche.)*

Peer Gynt*(für sich.)*
Ein Mann, imstand', mir den Kopf zu verwirr'n;
Fast alles, was er sagt, will nicht in mein Hirn.
(Sieht sich um.)
Dies also hier ist der Gelehrtenklub?

Begriffenfeldt.
Hier finden Sie alle, den ganzen Trupp; –
An siebenzig und tagtäglich vermehrte,
Der Weltauslegung beflissne Gelehrte – –
(Ruft den Wächtern zu:)
Michel, Schlingelberg, Schafmann, Fuchs –
In die Käfige mit Euch flugs!

Die Wächter.
Wir?

Begriffenfeldt.
Wer anders? Wir sind jetzt quitt!

Dreht sich die Erde, so drehn wir uns mit.
(Zwingt sie in einen Käfig hinein.)
Er ist heute kommen, der große Peer; –
Den Rest folgert selber, – ich sage nichts mehr.
(Sperrt den Käfig zu und wirft den Schlüssel in einen Brunnen.)

Peer Gynt.
Aber – Herr Doktor – Herr Präsident –

Begriffenfeldt.
Beides gewesen. Das hat nun ein End' – –.
Herr Peer, – Sie gehören zur schweigsamen Zunft?

Peer Gynt*(in wachsender Unruhe.)*
Weshalb?

Begriffenfeldt.
Sie werden mir nicht marode?

Peer Gynt.
Ich hoffe –

Begriffenfeldt*(zieht ihn in eine Ecke und flüstert:)*
Die absolute Vernunft
Ging ab gestern abend Schlag elf mit Tode.

Peer Gynt.
Gott helfe mir –!

Begriffenfeldt.
Ja, das ist äußerst verdrießlich
Und für mich in meiner Stellung doppelt unersprießlich.
Denn dies Haus hier galt, bis die Elf schlug aus,
Für ein Irrenhaus.

Peer Gynt. Für ein Irrenhaus!

Begriffenfeldt.
Nicht*fürder,* verstehn Sie!

Peer Gynt*(bleich und leise.)*
O Gott, mir schwant es!

Und der Mann ist verrückt; – und niemand ahnt es!
(Sucht davonzukommen.)

Begriffenfeldt*(folgt ihm.)*
Sie verstehen doch auch den Sinn meines Spruchs?
Ich nenne sie tot; doch so spricht nur ein Schalk.
Sie ging von sich selbst. Sie ging aus ihrem Balg, –
Wie weiland Landsmann Münchhausens Fuchs.

Peer Gynt.
Einen Augenblick nur –

Begriffenfeldt*(hält ihn fest.)*
Nein, es war wie ein Aal; –
Nicht wie ein Fuchs. Durchs Aug' ein Pfahl; –
Sie zappelte, zuckte – –

Peer Gynt. Daß Gott erbarm'!

Begriffenfeldt.
Um den Hals rund ein Schnitt und dann, wupps, aus dem Darm!

Peer Gynt.
Verrückt! Vollständig von Sinn und Verstand!

Begriffenfeldt.
So viel ist nun klar und nicht zu bestreiten:
Es wird dieses Von-sich-gehen begleiten
Ein wahrer Umsturz zu Wasser und Land.
Die früher "verrückten" Persönlichkeiten
Sind nämlich seit gestern abend schlechthin
Normal geworden, vernünftig im Sinn
Der neuen Vernunft; – was zugleich den Beginn
Des Rasens der frühern "Gesunden" bedeutet,
Mitdem daß die Glocke elf Uhr geläutet.

Peer Gynt.
Sie erwähnten die Uhr; meine Zeit ist zu End' –

Begriffenfeldt.
Ihre Zeit? Sie mahnen im rechten Moment!
(Öffnet die Tür und ruft:)

Hervor denn aus Eurem Labyrinth!
Die Vernunft ist tot. Es lebe Peer Gynt!

Peer Gynt.
Nein, liebster –!

*(**Die Irren** kommen nach und nach heraus in den Hofraum.)*

Begriffenfeldt.
Zu Ende sind Eure Nöte!
Es tagt der Befreiung Morgenröte!
Euer Kaiser steht vor Euch!

Peer Gynt. Kaiser?

Begriffenfeldt. Gewiß!

Peer Gynt.
Nein, nein! Diese Ehrungen übersteigen –

Begriffenfeldt.
Nur jetzt keine falsche Bescheidenheit zeigen –
In solch einer Stunde!

Peer Gynt. Bedenkzeit nur bis – –
Nein, ich taug' nicht dazu; ich hab' nicht die Gaben!

Begriffenfeldt.
Ein Mann, zu dem Sphinxe geredet haben?
Der er selbst ist?

Peer Gynt. Das ist ja eben die Nuß!
Ich bin wohl ich selber, in allen Lagen;
Aber hier, soweit ich verstehe, muß
Man außer sich selbst sein, sozusagen.

Begriffenfeldt.
Wie? Außer sich? Nein, das sieht jedes Kind:
Hier ist man man selbst, ohne Gnade zu geben;
Man selbst und nicht das geringste daneben; –
Man geht, als man selbst, hier vor vollem Wind.
Im Faß seines Ich birgt ein jeder hier sich,
Taucht in seines Ich Gärung bis auf den Grund,

Schließt zu sich hermetisch mit seines Ich Spund
Und dichtet das Holz im Brunnen seines Ich.
Keiner hat Tränen für der andern Wehen;
Keiner hat Sinn für der andern Ideen.
Wir selbst, das sind wir in Geist und Gebärden,
Bis zur Spitze des Sprungbretts wir und nur wir, –
Und folglich, soll einer Kaiser hier werden,
Sind*Sie* unsres Throns erlesenste Zier.

Peer Gynt.
Der Teufel soll mich –!

Begriffenfeldt. Nur mutigen Sinn!
Fast alles auf Erden ist neu zu Beginn.
"Du selbst"; – ich will Ihre Zweifel ersticken;
Der erste beste genügt hier schon –
(Zu einer finstern Gestalt.)
Guten Tag, Huhu! Na, hörst Du, mein Sohn,
Noch immer nicht auf, bekümmert zu blicken?

Huhu.
Kann ich's, bleibt mein Volk noch länger
Ohne Deuter, ohne Sänger?
(Zu Peer Gynt.)
Du bist fremd; so hör' mich an denn!

Peer Gynt.
Gott erbarme sich –!

Huhu. Wohlan denn!
Fern im Ost, ein Kranz von Sande,
Ruhn die malebarschen Strande.
Portugiesen und Holländer
Sind des Lands Kulturzuwender.
Außerdem sind dort noch Scharen
Von den echten Malebaren.
Die, mit ihrem Sprachgemische,
Sind die Herren jetzt am Tische.
Doch vor grauen Zeiten wohnte

Dort der Orangutang, thronte
Tief im Wald als Herrscher, tollte,
Raufte, gröhlte, wie er wollte.
Wie Natur ihn schuf, so grunzt' er,
Noch ein göttlich Unverhunzter.
Niemand wehrt' ihm sein Geplärre,
War er doch des Reiches Herre.
Doch da kamen fremde Horden
Unsre Urwaldsprache morden.
Viermalhundert Jahre Nachten
Von der Kraft den Affen brachten;
Ach, man weiß, so lange Nächte
Hemmen der Entwicklung Mächte.
Waldes Urlaut ist verstummt nun,
Nicht mehr länger wird gebrummt nun; –
Wollen wir Gedanken geben,
Müssen wir zu reden streben.
Welch ein Zwang der Zungenbänder!
Portugiesen, Niederländer,
Mischlingsrasse, Malebaren,
Alle sind gleich schlecht gefahren. –
Ich nun trachte, unsern echten
Urwaldurlaut zu verfechten, –
Möcht' den Leichnam neu beseelen, –
Unser Recht auf Gröhlen stählen, –
Gröhlte selber, zu ertrutzen
Seinen volksliedhaften Nutzen. –
Doch man hat mich schnöd' verlassen. –
Wirst wohl jetzt mein Trauern fassen.
Dank, daß Du gehört mich Armen; –
Weißt Du Rat, so hab' Erbarmen!

Peer Gynt*(leise.)*
Mit den Wölfen, mit den lieben,
Muß man heulen, steht geschrieben.
(Laut.)
Freund, nach sicherem Gerüchte

Gibt es in Marokko Schlüchte
Noch voll Orangutang-Schwärmen,
Die sich ohne Sänger härmen.
Deren Mund spricht malebarisch!
Wie honett und exemplarisch
Wär's nun, dächten Sie (gleich andern
Standspersonen), auszuwandern –

Huhu.
Dank, daß Du gehört mein Flehen;
Wie Du rätst, so soll's geschehen.
(Mit einer großen Gebärde.)
Hat der Osten mich zum besten, –
Orangutangs hat der Westen!
(Geht weiter.)

Begriffenfeldt.
Na, war er er selbst? Gar sehr, wenn's beliebt.
Von sich selbst ist er voll, lebt sich selber allein,
Gibt*sich,* was immer er von sich gibt,
Sich selber kraft seines Außer-sich-sein.
Wohlan! Ein andres hier meiner Kinder; –
Seit gestern abend vernünftig nicht minder!
(Zu einem Fellah, der eine Mumie auf dem Rücken trägt.)
König Apis, mein hoher Herre, wie geht es?

Der Fellah*(wild zu Peer Gynt.)*
Bin ich König Apis?

Peer Gynt*(zieht sich hinter den Doktor zurück.)*
Ja, leider steht es
Mit meinem Wissen hier äußerst peinlich,
Doch sind Sie, nach Ihrem Ton, wahrscheinlich –

Der Fellah.
Jetzt lügst Du auch!

Begriffenfeldt. Eure Hoheit berichte,
Wie die Sachen stehn.

Der Fellah*(wendet sich Peer Gynt zu.)*
Hör' meine Geschichte!

Wen trag' ich hier wohl auf dem Rücken? –
Einen König, der Apis hieß!
Jetzt heißt er nur noch eine Mumie
Und ist ganz tot überdies.

Er baute die Pyramiden
Und haute die große Sphinx,
Und kriegte, wie der Doktor sich ausdrückt,
Mit dem Türken bald rechts und bald links.

Und darum hat auch Ägypten
Als Gott ihn preisen gelehrt
Und in seinen Tempeln ihn unter
Dem Bild eines Ochsen verehrt. –

Doch*ich* bin dieser Gott Apis,
Das ist wie die Sonne zu sehn;
Und wenn Du es nicht verstehest,
So wirst Du es bald verstehn.

Es schwang sich nämlich beim Jagen
Vom Pferd einst Apis, der Held,
Und ging einen Augenblick seitwärts
Auf meines Urgroßahns Feld.

Der Grund aber, den er da düngte,
Ernährte mich mit seinem Korn;
Und braucht es noch mehr der Beweise,
So hab' ich ein unsichtbar Horn.

Und ist das nun nicht zum Verzweifeln,
Daß ganz ohne Herold ich bin!
Von Geburt bin ich Apis im Lande,
Doch Fellah in anderer Sinn.

Kannst einen Rat Du mir geben,
So mache mich damit reich; –

Was soll ich tun, daß ich werde
König Apis dem Großen gleich?

Peer Gynt.
Eure Hoheit bau' Pyramiden,
Und hau' eine große Sphinx,
Und krieg', wie der Doktor sich ausdrückt,
Mit dem Türken bald rechts und bald links!

Der Fellah.
Ja, das ist mir eine Rede!
Ein Fellah! Eine hungrige Laus!
Bin froh, wenn ich meine Hütte
Rein halt' von Ratz' und Maus.

Auf, Mann, – etwas Bessres erfunden,
Was groß macht und sicher vor Spott,
Und was mich obendrein gleich macht
Auf meinem Rücken dem Gott!

Peer Gynt.
Wie, wenn Eure Hoheit sich hängten,
Und darauf in der Erde Schoß,
In des Sarges natürlichen Grenzen,
Verhielte sich regungslos?

Der Fellah.
Mein Leben für einen Strick denn!
An den Galgen mit Haut und Haar! –
Der Unterschied wird nicht sehr groß sein –
Und völlig verwischt übers Jahr.
(Geht hin und macht Anstalten, sich zu hängen.)

Begriffenfeldt.
Das war auch eine Persönlichkeit, –
Ein Mann mit Methode, –

Peer Gynt. Ja, ja, soweit – –
Doch da hängt er sich wirklich? Gott soll uns bewahren!
Mir schwindelt; – ich fühl' mich schon ganz zerfahren!

Begriffenfeldt.
Ein Übergangszustand; nur kurz von Frist.

Peer Gynt.
Wozu –? Entschuldigen Sie, – mir ist –

Begriffenfeldt*(hält ihn fest.)*
Sind Sie verrückt, Herr?

Peer Gynt. Noch nicht –! Ohne Bangen!

(Alarm. Der ***Minister Hussein*** *drängt sich durch den Schwarm.)*

Hussein.
Man hat mir gemeldet, ein Kaiser sei hier.
(Zu Peer Gynt.)
Sind *Sie* es?

Peer Gynt *(verzweifelt.)*
So sicher wie zwei mal zwei vier!

Hussein.
Gut. – Hier sind Noten, die Antwort verlangen.

Peer Gynt *(rauft sich das Haar.)*
Heißa! Recht so! So paßt es Peeren!

Hussein.
Woll'n Sie mich mit einem Tunk beehren?
(Verbeugt sich tief.)
Ich bin eine Feder.

Peer Gynt *(verbeugt sich noch tiefer.)*
Und ich, wie Sie sehn,
Ein krimskramsig, kaiserlich Pergamen.

Hussein.
Mein Schicksal, Herr Kaiser, hier kennt es ein jeder:
Ich gelt' für ein Sandfaß und bin eine Feder.

Peer Gynt.
Mein Schicksal, Herr Feder, ist, wenn Sie belieben, –
Ich bin ein Papier und werd' niemals beschrieben.

Hussein.
Für meinen Beruf geht keinem der Verstand auf;
Sie nehmen mich alle und streun mit mir Sand auf!

Peer Gynt.
Ich lag einst als Buch in eines Weibes Schoß; –
Tu' recht oder schlecht, – 's ist ein Druckfehler bloß!

Hussein.
Stell'n Sie sich vor, wie entsetzlich man leidet,
Als eine Feder, die nie jemand schneidet!

Peer Gynt *(macht einen Sprung.)*
Wissen Sie, was einen Renbock für Qual ankommt,
Der von oben herabspringt – und niemals im Tal ankommt?

Hussein.
Ein Messer! Ich bin stumpf! Auf! Schneidet und schnitzt!
Die Welt geht unter, wenn niemand mich spitzt!

Peer Gynt.
's wär' schad' um die Welt, die, wie alles, was hausgemacht,
Den Herrgott bedünkte so wundervoll ausgedacht.

Begriffenfeldt.
Hier ist ein Messer!

Hussein *(ergreift es.)* Ha, Tinte zu lecken!
Wollust, sich schneiden zu –!
(Schneidet sich über den Hals.)

Begriffenfeldt *(weicht zur Seite.)*
Nur keine Flecken!

Peer Gynt *(in steigender Angst.)*
Haltet ihn!

Hussein. Haltet mich! Wort der Gnade!
Haltet die Feder! Papier aus der Lade!
(Fällt um.)
Ich bin abgenutzt. Nachschrift, – in Grabschriftstil:
Er lebt' und er starb als geführter Kiel!

Peer Gynt *(taumelt.)*
Was soll ich –! Was bin ich? Du großer –, halt' fest!
Ich bin alles, was Du willst, – ein Türk', ein Verbrecher,
Ein Bergtroll –; nur hilf; – das gab mir den Rest –!
(Schreit.)
Ich weiß nicht mehr, wie Du Dich nennen läßt – –
Hilf mir, Du, – aller Narren Fürsprecher!
(Fällt in Ohnmacht.)

Begriffenfeldt, *(mit einem Strohkranz in der Hand, macht einen Sprung und setzt sich rittlings über ihn.)*
Da ist er von sich selbst! Daß er
Im Staub die Krone denn empfange!
(Drückt ihm den Kranz auf und ruft aus.)
Der Selbstsucht Kaiser lebe lange!

Schafmann *(im Käfig.)*
Es lebe hoch der große Peer!

FÜNFTER AKT

(An Bord eines Schiffes in der Nordsee an der norwegischen Küste. Sonnenuntergang. Stürmisches Wetter.)

*(**Peer Gynt**, ein kräftiger alter Mann mit eisgrauem Haar und Bart, steht hinten auf dem Hüttendeck. Er ist halb wie ein Seemann gekleidet, in Jacke und hohen Stiefeln. Sein Anzug ist etwas verschlissen und mitgenommen; er selbst wettergebräunt und mit einem härteren Gesichtsausdruck. **Der Kapitän** des Schiffes am Steuerrad beim Steuermannsmat. Die **Mannschaft** weiter vorn.)*

Peer Gynt.
Sieh da, der Halling in Wintertracht, –
Im Stolz seiner abendrotsamtenen Pracht!
Der Jökel dahinter, sein Bruder, greis,
Noch immer im Mantel von grünem Eis.
Der Folgefirn, der ist nun sonderlich fein, –
Liegt wie eine Jungfrau in schimmerndem Lein.

Laßt's lieber, Kinder, zu schabernacken,
Steht, wo ihr steht, ihr granitenen Wacken!

Der Kapitän*(ruft nach vorn:)*
Zwei Mann ans Rad; – und Laternen gesetzt!

Peer Gynt.
's kühlt steif.

Der Kapitän. Wir werden heut Nacht noch gehetzt!

Peer Gynt.
Kann man von hier aus den Ronden sehn?

Der Kapitän.
Nein, – weil der Folgefirn vorgeschoben.

Peer Gynt.
Oder dann Blåhö?

Der Kapitän*(schüttelt den Kopf.)*
Vom Takelwerk droben
Sieht man, wenn's klar ist, den Galdhöppig stehn.

Peer Gynt.
Wo liegt wohl der Hårtejg?

Der Kapitän*(zeigt.)* So dort in der Drehe.

Peer Gynt.
Jawohl.

Der Kapitän.
Sie sind hier bekannt, wie ich sehe.

Peer Gynt.
Ich kam einst vorüber als junger Tropf;
Und der Satz, wie man sagt, bleibt am längsten im Topf.
(Spuckt aus und starrt auf die Küste.)
Dort also, wo's dämmert in Schlucht und Kluft, –
Das Gebirgstal gähnt, eine schwärzliche Gruft, –
Und drunter, den Fjord hinab, hinauf, –
Dort also halten sich Menschen auf.

(Sieht den Kapitän an.)
Sie bauen zerstreut hier zu Lande.

Der Kapitän. Ja, ja.
Das wohnt einander, weiß Gott, nicht nah.

Peer Gynt.
Sind wir vor Tag drin?

Der Kapitän. So etwa, wenn's graut.
Wenn sich nicht*zu* viel zusammenbraut.

Peer Gynt.
Im Westen umzieht sich's.

Der Kapitän. Das tut's.

Peer Gynt. Lieber Mann,
Erinnern Sie mich, wenn wir abrechnen, dran, –
Ich will, wie man sagt, etwas Übriges tun
Für die Mannschaft –

Der Kapitän. Danke!

Peer Gynt. Kein Grund. Je nun, –
Ich war Goldgräber drüben und ward wieder arm; –
Fatum und ich, hm, wir stehn nicht sehr warm.
Sie wissen ja, was ich Sie aufheben hieß;
Das ist alles – was mir der Teufel noch ließ.

Der Kapitän.
Damit können Sie noch eine Ziffer sein,
Bei Ihnen zu Hause.

Peer Gynt. Ich steh' ganz allein.
Den reichen Ekel erwartet keine Katze. –
Na ja, so gibt's auch kein Abgeschmatze!

Der Kapitän.
Da haben wir 's Wetter.

Peer Gynt. Ja, wie gesagt, –
Hat's einer der Leute wirklich nötig,
So bin ich gern mit etwas erbötig –

Der Kapitän.
Das ist wacker! Die meisten sind recht geplagt;
Allen sind Weiber und Kinder zu nähren.
Mit der Heuer allein sind sie kärglich gestellt;
Doch bringen sie nun etwas extra Geld,
So gibt das ein Fest, dessen Folgen lang' währen.

Peer Gynt.
Was? Weib und Kinder haben sie? Sind
Verheiratet?

Der Kapitän. Alle verheiratet. Doch
Der, dem's am dürftigsten geht, ist der Koch!
Bei ihm ist der nackte Hunger lieb Kind.

Peer Gynt.
Verheiratet? Werden erwartet zu Haus?
Erfreun durch ihr Kommen –? Wie?

Der Kapitän. Nun ja, –
Wenn's auch arm Volk ist.

Peer Gynt. Und sind sie dann da,
Was dann?

Der Kapitän.
So setzt wohl die Alte zum Schmaus
Was Übriges auf –

Peer Gynt. Und Licht auf den Tisch?

Der Kapitän.
Auch zwei vielleicht; und einen Schnaps zum Fisch.

Peer Gynt.
Und dann plaudert man traulich zur Ofenwärme?
Hat die Kinderchen um sich? Dieses Gelärme!

Kein einziges hört das andre zu Ende, –
So freuen sie sich –?

Der Kapitän. So wird's ja wohl sein.
Und drum wär' es wacker, Herr, wenn Sie die Spende
Zur Tat machen wollten –

Peer Gynt(*schlägt auf die Reling.*)
Nein! Dreimal nein!
Bin ich ein Narr? Wie? Was hätt' ich für Gründ',
Anderer Kindern mit Meinem zu frommen?
Hart genug bin ichso weit gekommen.
Niemand erwartet den alten Peer Gynt.

Der Kapitän.
Nun ja; wie Sie wollen; Ihr Geld gehört Ihnen.

Peer Gynt.
Stimmt! Mir selbst und sonst keinem, zu dienen.
Meine Rechnung, sobald es ankert, das Boot!
Kajüte von Panama hier herüber.
Sodann Branntwein der Mannschaft. Und sonst kein Stüber.
Geb' ich mehr, Kapitän, so schlagt mich tot!

Der Kapitän.
Ich schuld' Ihnen Quittung, mein Herr, nicht Schläge.
Doch verzeihn Sie; jetzt sind wir dem Sturm im Gehege.
(Er geht aufs Vorderdeck. Es ist dunkel geworden; in der Kajüte wird Licht angezündet. Der Seegang nimmt zu. Nebel und dichte Wolken.)

Peer Gynt.
Haben daheim einen Haufen Rangen; –
Geliebt in andrer Gemütern hangen; –
Andrer Gedanken Gegenstand sein – –!
Wann und wo denkt wohl irgendwer mein? –
Licht auf dem Tisch? Aus mit dem Funken!
Ich finde schon etwas –! Ich mach' sie betrunken; –
Keiner der Teufel soll nüchtern an Land.
Voll soll'n sie kommen zu Kindern und Frauen!
Fluchen soll'n sie; auf den Tisch hauen;

Schrecken die Ihren von Sinn und Verstand!
Weib soll'n und Kinder von Hause laufen – –!
All ihre Lust soll in Tränen ersaufen!
(Das Schiff schlingert stark; er taumelt und hat Mühe sich zu halten.)
Na, das nenn' ich ein Überholen.
Das Meer arbeitet, als würd's ihm befohlen.
Es ist noch es selbst hier in nördlichen Breiten,
Querköpfig, wild noch und bös wie vor Zeiten – –
(Horcht.)
Was sind das für Rufe?

Die Wache*(vorn.)* Ein Wrack in Lee!

Der Kapitän*(mittschiffs, kommandiert.)*
Ruder hart Steuerbord! Dicht vorm Wind!

Der Steuermann.
Sind Leut' auf dem Wrack?

Die Wache. Nur drei, wie ich seh'!

Peer Gynt.
Laßt's Heckboot hinab.

Der Kapitän. Das sänk' gar geschwind.
(Geht nach vorne.)

Peer Gynt.
Wer denkt an so was?
(Zu einigen von der Mannschaft.)
Seid guten Muts!
Und wenn Euch der Pelz auch naß wird, was tut's!

Der Bootsmann.
Es ist unschaffbar bei solch einem Meer.

Peer Gynt.
Da rufen sie wieder. Der Wind wird schralen –
Koch, übernimmst Du's? Hurtig! Wir zahlen –

Koch.
Nicht um zwanzig Pfund Sterling, Herr –

Peer Gynt.
Ihr Hunde! Ihr Memmen! Ihr könnt Euch verstocken!
Die Leut' haben Weiber und Kinder; die hocken
Daheim und warten –

Der Bootsmann. Warten hält munter.

Der Kapitän.
Von der Sandbank abhalten!

Der Steuermann. Da ging's unter.

Peer Gynt.
Wie still ward's mit eins –!

Der Bootsmann. Tat's verehlichte Leut' ab,
So gibt's drei neubackne Witwen von heut ab.

(Das Unwetter wächst. Peer Gynt geht das Deck nach hinten.)

Peer Gynt.
Es gibt keinen Glauben mehr auf der Welt,
Kein Christentum mehr, wie's bezeugt und geschrieben steht; –
Man betet, tut Gutes wie's einem gefällt,
Bis daß man mit Gott ganz nach seinem Belieben steht.
Doch in solch einer Nacht ist mit ihm nicht zu handeln.
Die Kerle sei'n auf der Hut; denn – gewißlich! –
Mit Elefanten zu spielen ist mißlich! – –
Und da wagen sie's dreist mit ihm anzubandeln!
Ich, ich bin schuldlos; der Opferteller,
Kann ich beweisen, empfing meinen Heller.
Doch was hab' ich davon? – Es gibt zwar ein Wort:
Ein gut Gewissen ein sanft Ruhekissen.
Das hilft wohl auf trockenem Boden fort,
Doch taugt es auch nur einen Deut an Bord?
Da wird das Lamm mit den Böcken zerrissen.
Zur See kannst du niemals du selber sein,
Mußt mit den andem von Deck zu Freund Hein.
Schlägt die Stunde der Strafe für Bootsmann und Koch,
So heißt es fein mit in das naßkalte Loch; –

Als einzelner wird man da glatt übergangen,
Und – mitgefangen, heißt's, mitgehangen. –

Du warst zu fromm, Peter; das war dumm.
Jetzt lohnt dir Undank das ganze Wesen.
Weiß Gott, wär' ich jünger, ich sattelt' noch um,
Ging' hin und kehrte mit schärferem Besen.
Pah; noch ist es Zeit! Man soll von mir sagen:
Peer Gynt hat gelernt, den Kopf hoch zu tragen!
Den Hof will ich wieder, ob's biegt oder bricht; –
Ein Schloß soll draus werden, hochragend und licht.
Doch keinen will ich im Haus drinnen sehn!
Vorm Tor soll'n sie stehn und die Hüte drehn; –
Bitten und betteln, – das sei ihr Pläsier;
Doch keiner bekommt einen Schilling von mir; – –
Wenn mich das Schicksal immer bloß knechten kann,
So find' wohl auch ich Leut', mit denen ich rechten kann – –

Der fremde Passagier*(steht im Dunkel an der Seite Peer Gynts und grüßt freundlich.)*
Guten Abend!

Peer Gynt. Guten Abend! – Was wollen Sie hier –?

Der Passagier.
Ich bin, zu dienen, Ihr Mitpassagier.

Peer Gynt.
Ich dachte, daß ich der einzige sei.

Der Passagier.
Ein kleiner Irrtum, der nun vorbei.

Peer Gynt.
Doch ist mir, wo Sie bis heute staken, –
Ein Rätsel –

Der Passagier.
Ich bin dem Tag nicht gut.

Peer Gynt.
Sie sind vielleicht krank? Sie sind weiß, wie ein Laken –

Der Passagier.
Nein, danke, – mir war nie wohler zu Mut.

Peer Gynt.
Das stürmt heut!

Der Passagier. Ja, ein gesegneter Sturm.

Peer Gynt.
Gesegnet?

Der Passagier.
Die See geht hoch wie ein Turm.
Köstlich! Mir wässern schon, Freund, die Kiefern!
Wie viele Wracks wird diese Nacht liefern; –
Und wie viele Leichen für Fisch und Wurm.

Peer Gynt.
Behüte!

Der Passagier.
Sahn Sie schon einen gehenkt –
Erstickt – ertrunken –?

Peer Gynt. Geschenkt! Geschenkt!

Der Passagier.
Die Leichen lachen. Doch nur gezwungen;
Und die meisten bissen sich gern in die Zungen.

Peer Gynt.
Hören Sie auf –!

Der Passagier. Eine Frage bloß.
Bekäme das Schiff nun zum Beispiel 'nen Stoß –
Und sänke –

Peer Gynt. Sie meinen, das könnt' geschehn?

Der Passagier.
Wie soll ich Ihnen drauf Rede stehn?
Doch gesetzt nun, ich schwämme und Sie gingen drauf –

Peer Gynt.
Ach, Unsinn –

Der Passagier.
Ich stell's nur als Möglichkeit auf.
Doch, ist sie, wie hier, nicht gar allzu fern,
So sperrt man sich wohl nicht mit milden Gaben –

Peer Gynt(*greift in die Tasche.)*
Ah, Geld!

Der Passagier.
Nein; – aber ich möchte gern
Ihren sehr geehrten Kadaver haben!

Peer Gynt.
Jetzt wird mir's zu bunt!

Der Passagier. Nur den Leichnam, verstehn Sie!
Es ist um der Wissenschaft willen –

Peer Gynt. Jetzt gehn Sie!

Der Passagier.
Ich bitte Sie, stell'n Sie sich doch zum Entgelt vor:
Ich öffne Sie kunstvoll und leg' Sie der Welt vor.
Ich gehe besonders dem Sitz der Träume nach, –
Und prüf' Ihnen außerdem kritisch die Säume nach –

Peer Gynt.
Vom Leib mir!

Der Passagier. Freund, – ein ertrunken Gespenst –!

Peer Gynt.
Lästrer! Sie reizen das Wetter! Das grenzt
Wahrlich an Tollheit! Wenn Sturmwind, Regen,
Seegang und, was da noch kommen kann,
Uns nun wirklich das Handwerk legen,
Ist Ihr Übermut schuld daran – –!

Der Passagier.
Sie sind nicht bei Laune zu weitrem Verhandeln;

Die Zeit wird vielleicht Ihren Sinn noch wandeln – –
(Grüßt freundlich.)
Wir sehn uns beim Sinken, wenn nicht zuvor!
Ich hoffe, Sie sind dann bei besserm Humor.
(In die Kajüte ab.)

Peer Gynt.
Greuliches Volk, diese Wissenschaftskerle!
Solch ein Freidenkertum –
(Zum Bootsmann, der vorübergeht.)
He! Mein Mitpassagier, –
Freundchen, – was ist das für eine Perle?

Der Bootsmann.
Ich weiß von keinem als Ihnen hier.

Peer Gynt.
Von keinem –? Das wird immer unheimlicher.
(Zum Jungmann, der aus der Kajüte kommt.)
Wer ging durch die Tür dort?

Der Jungmann. Der Schiffshund, Herr!
(Geht weiter.)

Die Wache*(ruft:)*
Land hart voraus!

Peer Gynt. Mein Koffer auf Deck!
Meine Kasse!

Der Bootsmann.
Wir können jetzt nicht vom Fleck.

Peer Gynt.
's war nur Spaß, Kapitän! Eine bloße Nücke!
Ich helfe dem Koch; ich verdient' ja den Stock –

Der Kapitän.
Der Klüver sprang!

Der Steuermann. Und da strich das Fock!

Der Bootsmann*(schreit von vorn.)*
Grund vorm Bug!

Der Kapitän. Sie geht in Stücke.

(Das Schiff stößt auf. Lärm und Verwirrung.)

(Unter Land zwischen Klippen und Brandung.)

(Das Schiff geht unter. Im Nebel erblickt man undeutlich die Jolle mit zwei Mann. Eine Sturzwelle füllt sie; sie kentert; man hört einen Schrei; es wird ganz still. Nach einer Weile sieht man das Boot, den Kiel oben, einhertreiben.)

*(**Peer Gynt** taucht in der Nähe des Bootes auf.)*

Peer Gynt.
Helft! Boot vom Land! Helft, eh's zu spät!
Herr, hilf mir, – wie geschrieben steht!
(Klammert sich am Kiel des Bootes fest.)

Koch*(taucht auf der andern Seite auf.)*
Mir sind zu Hause Kind und Weib, –
Herr Gott, mach', daß ich leben bleib'!
(Hält sich am Kiel.)

Peer Gynt.
Weg!

Koch.
Weg!

Peer Gynt. Ich schlag'!

Koch. Ich auch, wenn's not!

Peer Gynt.
Wenn Du nicht gehst, ich tret' Dich tot!
Der Bootsbauch trägt nicht zwei! Laß los!

Koch.
Ich weiß. Fort.

Peer Gynt. Selbst fort!

Koch. Komm Du bloß!

(Sie kämpfen miteinander; der Koch schlägt sich eine Hand lahm; er klammert sich mit der andern fest.)

Peer Gynt.
Hand weg!

Koch. Ach, Liebster, – sei doch gut!
Bedenk, wie's einem Vater tut –

Peer Gynt.
So wär's für mich noch größre Pein;
Denn ich soll erst noch Vater*sein.*

Koch.
Laß los! Du hast gelebt; ich nicht!

Peer Gynt.
Marsch; pack' Dich; sink, – verwünscht Gewicht!

Koch.
In Gottes Namen, räum' das Feld!
Dich mißt kein Mensch auf weiter Welt –
(Schreit und läßt los.)
Ich sink' –!

Peer Gynt*(packt ihn.)*
Ich halt' Dich fest beim Schopf;
Bet' flugs Dein Vaterunser, Tropf!

Koch.
Ich weiß kein Wort mehr – mir wird nacht – –

Peer Gynt.
Nur schnell die Hauptsach' abgemacht –!

Koch.
Herr, gib uns –

Peer Gynt. Mach Dir 's Herz nicht schwer.
Du kriegst, was nötig noch zur Zehr.

Koch.
Herr, gib uns unser –

Peer Gynt. Immer noch?
Man merkt's, Du warst Dein Lebtag Koch.
(Läßt ihn fahren.)

Koch*(versinkend.)*
Uns unser täglich –
(Geht unter.)

Peer Gynt. Amen, Mann!
Du warst und bliebst Du selbst. – Wohlan!
(Schwingt sich auf den Bauch des Bootes hinauf.)
Wo Leben ist, darf Hoffnung sein –

Der fremde Passagier*(legt die Hand aufs Boot.)*
Gutmorgen!

Peer Gynt. Hui!

Der Passagier. Ich hörte schrein; –
Es war doch hübsch, daß ich Sie fand.
Nun? Hatt' ich vorhin recht erkannt?

Peer Gynt.
Fort! Fort! Ich hab' kaum Platz allein!

Der Passagier.
Ich rudre mit dem linken Bein.
Ich schwimme, wenn ich bloß die Spitze
Des Fingers halt' hier in der Ritze.
Ich komm' betreffs des Leichnams –

Peer Gynt. Still!

Der Passagier.
Da es nun doch zu End' gehn will –

Peer Gynt.
Mund halten!

Der Passagier.
Wie Sie wünschen, Herr.
(Stillschweigen.)

Peer Gynt.
Nun, und –?

Der Passagier.
Ich schweig.

Peer Gynt. Entsetzlicher! –
Was woll'n Sie?

Der Passagier. Warten.

Peer Gynt*(rauft sich das Haar.)*
Das ist doch –!
Was sind Sie, Herr?

Der Passagier*(nickt.)*
Ihr Freund!

Peer Gynt. Was noch?

Der Passagier.
Wie, Herr? Erinnr' ich in der Tat an
Nichts Ähnliches?

Peer Gynt. Ich weiß den Satan –

Der Passagier *(leise.)*
Hat *er* den Brauch, ein Licht zu zünden
Dicht an des Lebens finstern Gründen?

Peer Gynt.
Am End' wird alle Furcht zu nichts, –
Und Sie sind gar ein Geist des Lichts?

Der Passagier.
Freund, – hat jed' Halbjahr Sie bloß *einmal*
Gebrannt der Angst verzehrend Peinmal?

Peer Gynt.
Furcht fühlt man wohl, wann Schrecken toben; –
Allein wie klingt Ihr Wort verschroben – –

Der Passagier.
Fiel Ihnen *einmal* bloß im Leben
Der Sieg zu, der in Angst gegeben?

Peer Gynt *(blickt ihn an.)*
Wenn Sie mich retten wollten, nun,
So konnten Sie dies früher tun.
Kein Witz, zu wählen seine Stunde,
Wenn einem 's Meer steht bis zum Munde!

Der Passagier.
Sie glauben eher an ein Siegen,
Wann warm Sie hinterm Ofen liegen?

Peer Gynt.
Gut, gut; – jedoch Sie trieben Possen.
Dadurch ward noch kein Herz erschlossen.

Der Passagier.
Wo *ich* her bin, in jenem Reich,
Gilt Pathos und Gelächter gleich.

Peer Gynt.
Ein jegliches in seinem Falle;
Eins, heißt es, schickt sich nicht für alle.

Der Passagier.
Die schlafen in den Aschenurnen,
Gehn wochentags nicht auf Kothurnen.

Peer Gynt.
Weich von mir, Scheusal! Weg die Hand!
Ich will nicht sterben! Will an Land!

Der Passagier.
Getrost, mein Freund! Ich habe Takt; –
Man stirbt nicht mitten im fünften Akt.
(Gleitet hinweg.)

Peer Gynt.
Da kam's heraus, trotz aller List! –
Er war ein öder Moralist.

(Ein Kirchhof in einem hochliegenden Gebirgssprengel.)

(Ein Leichenbegängnis. ***Pfarrer*** *und* ***Gemeinde.*** *Der letzte Vers des Liedes wird gesungen.* ***Peer Gynt*** *kommt des Wegs.)*

Peer Gynt*(an der Pforte.)*
Hier legen sie wohl einen Landsmann hin.
Gott Lob und Dank, daß ich's nicht bin.
(Tritt ein.)

Der Pfarrer*(spricht am Grabe.)*
Und nun, da seine Seele lichtwärts fliegt,
Und leer sein Leib gleich einer Hülse liegt,
Nun, liebe Freunde, sei davon gehandelt,
Wie dieser Tote unter uns gewandelt.

Er war nicht reich, nicht sonderlich von Gaben,
Von Stimme schwach, unmännlich im Gehaben,
Sein Wort kam weich und ungewiß heraus,
Und schwerlich war er Herr im eignen Haus;
Ins Kirchlein sah man ihn verlegen treten,
Als wollt' er bitten: Laßt auch mich hier beten.

Vom Gudbrandstal, Ihr wißt, war er gekommen.
Er zog hier zu, beinahe noch ein Knab'; –
Und Ihr besinnt Euch, daß er bis ans Grab
Die rechte Hand nicht aus dem Rock genommen.

Die rechte Hand im Rock, – dies Merkmal war es,
Das diesen Mann von andern unterschied,
Und dazu sein gedrücktes, sonderbares
Benehmen, wenn er uns einmal*nicht* mied.

Doch waren's stille Weg' auch, die er wählte,
Und blieb er auch in unsrer Mitte fremd,
So hat's uns doch zu wissen nicht gehemmt,
Daß diese Hand nur vier der Finger zählte.

Ich weiß ihn noch, vor nun so manchem Jahr,
Den Morgen des Aushebungstags zu Lunde.

Es war zur Zeit des Kriegs. In aller Munde
Der Zukunft Fragen und des Lands Gefahr.

Ich war zugegen. Vor dem Tisch saß breit
Der Hauptmann zwischen Amtmann und Sergeanten;
Und Bursch auf Bursche ward nach dem bekannten
Gebrauch geprüft, gebucht und eingereiht.
Der Raum war voll, und draußen vor den Scheiben
Scholl lautes Lachen aus dem Jugendtreiben.

Da rief man einen Namen. Einer trat
Hervor, so bleich, wie Schnee vom Gletschergrat.
Man winkte ihm; bis er zum Tisch sich tappte,
Die rechte Hand gewickelt in ein Tuch; –
Doch wie er auch nach Worten würgte, schnappte, –
Er fand nicht eines, trotz des Hauptmanns Fluch.
Bis er zuletzt, mit brennendem Gesichte,
Halb stammelt', halb hervorstieß die Geschichte
Von einer Sichel, die ihm sei entglitten –
Und ihm den Finger glatt hab' abgeschnitten.

Da ward es still – bis auf der Wanduhr Ticken.
Man kniff den Mund zu, sah sich ins Gesicht;
Man steinigte den Mann mit stummen Blicken.
Er fühlte hageln, doch er sah es nicht.
Da stand der Hauptmann auf, alt, grau, – ich seh'
Ihn noch, – spie aus, wies fort und sagte: Geh!

Er ging. Man wich ihm aus, wie einem Schatten,
Und ließ ihn Ruten laufen. Er gewann
Die Tür; da hub er blind zu rennen an; –
Und nun – hinauf durch Wälder, über Matten,
Hin über Halden, Hänge, Felsgeschütte – –.
Weit droben im Gebirg lag seine Hütte. –

Ein Halbjahr später war's dann, daß er kam,
Mit Mutter, Braut und Kind, der unsre werden.
Er pachtete sich hier ein Streiflein Erden,
Ein Stückchen Brachmark, das sonst keiner nahm.

Er schloß, sobald es ging, den Ehebund,
Er schritt zum Hausbau, brach den harten Grund;
Und mit Erfolg, wie manches Fleckchen Land
Erzählte, das da gelb in Ähren stand.
Zur Kirche kam er nur, die Hand verborgen, –
Allein daheim, wo's keiner mochte sehn,
Da schafften die neun Finger wohl für zehn. –
Da kam der Bach an einem Frühlingsmorgen.

Sein nacktes Leben rettete das Völkchen.
Er aber ging von neuem an sein Werk.
Es fiel das Laub, und aber stiegen Wölkchen
Aus einer Hütte, dicht nun unterm Berg.
Vorm Bach geschützt, – doch auch vor Schneegewehe?
Zwei Jahre später lag sie unterm Schnee.

Allein der Mann stritt weiter, unerschrocken.
Er hackte, karrte, schaufelte, grub aus, –
Und vor des nächsten Winters ersten Flocken
Stand da zum dritten Mal sein schlichtes Haus.

Drei Söhne hatte er, drei flinke Jungen;
Zur Schule sollten die, und das war weit; –
Der Anschluß an den Weg zudem bedungen
Durch einen Felsenschacht, kaum mannesbreit.
Wie half er sich! Der ältste mußt' sich placken,
So gut es ging, und wo der Steig zu steil,
Da nahm der Mann den Kletternden ans Seil;
Die andern trug er hin auf Arm und Nacken.

So stritt er Jahr um Jahr; sie wurden groß.
Verschönte nun ihr Dank des Vaters Los?
Drei reiche Herren in der Welt, der neuen,
Vergaßen bald der Heimat und des Treuen.

Er war von kurzem Blick. Was über seinen
Bezirk ging, – von dem allen sah er nichts.
Wie taube Schellen klang ihm, was für einen
Der Unsern dröhnt wie Glocken des Gerichts.

Volk, Vaterland, uraltgeheiligt Hehres,
Stand wie im Nebel vor ihm, – Blendwerk, leeres.

Doch Demut, Demut war in diesem Mann;
Seit damals trug er schon an seinem Bann,
So wahr als Scham auf seiner Wange brannte
Und seine Finger in die Tasche bannte. –
Ein Brecher des Gesetzes? Mag es sein!
Doch etwas leuchtet über dem Gesetze,
Wie dort des Berghaupts starrend Felsgestein
Noch überkrönen lichte Wolkennetze.
Ein schlechter Bürger war er. Unfruchtbar
Für Staat und Kirche. Doch am Berg da droben,
Wo er im engsten Kreis sein Glück gewoben,
Dort war er groß, weil er er selber war; –
Weil der ihm eingeborne Klang nie schwieg;
Ein Klang, wie Geigen seufzen unterm Dämpfer.
Und darum Friede Dir, Du stiller Kämpfer,
Den schuf und brach des Bauern kleiner Krieg!

Wir wollen Herz und Nieren nicht ergründen;
Gott ziemt's allein, das letzte Licht zu zünden; –
Doch dies ist meiner Hoffnung Stern und Kern:
Der Mann steht kaum als Krüppel vor dem Herrn!

(Das Leichengefolge trennt sich voneinander und geht. Peer Gynt bleibt allein zurück.)

Peer Gynt.
Sieh da, das nenn' ich noch Christentum!
Da war nichts, was einen peinlich berührte; –
Zumal dem: "Du selbst zu sein, sei dein Ruhm",
Zu dem am Schlusse die Predigt führte,
Auch an und für sich alles Lob gebührte.
(Blickt in das offene Grab.)
War's vielleicht er, der sich damals entstellte,
Als ich im Forst war und Bäume fällte?
Wer weiß es? Ständ' ich nicht mit meinem Stab
Hier an dieses Geistesverwandten Grab,

So könnt' ich denken, ich selbst läge dort
Und hörte des Geistlichen rühmend Wort
Fürwahr, ein schöner christlicher Brauch,
Einen sogenannten Erinnerungsblick
Wohlwollend über ein Leben zu werfen;
Ich hörte gar gern einst auch*mein* Geschick
Jenen würdigen Hirten dem Volk einschärfen.
Ich tue ja wohl noch so manchen Hauch,
Bis auch mich einst schneidet des Winzers Messer, –
Doch, wie die Schrift sagt: Besser ist besser, –
Und desgleichen: Alles zu seiner Zeit, –
Und endlich: Sorg' für ein ehrlich Begräbnis! –
Ja, die Kirche hat stets einen Trost bereit.
Ich schätzt' sie zu wenig vor diesem Begebnis;
Nun aber fühlt' ich denn doch, wie es tat,
Versichern zu hören von Männern, gelernten:
So wie du gesät hast, so wirst du ernten. –
Man selbst soll man sein, und sich und dem Seinen
In allem nachgehn, im großen und im kleinen.
Will 's Glück sich nicht fügen, so bleibt doch die Ehre,
Daß einer sein Leben geführt nach der Lehre. –
Und nun heim! Steigt der Weg noch so schmal auch und steil,
Und gibt sich das Schicksal auch noch so gefährlich, –
Der alte Peer Gynt kennt sein Sträßlein zum Heil
Und bleibt, der er ist: arm, aber ehrlich.
(Ab.)

(Abhang mit dem ausgetrockneten Bett eines Baches.)

(Eine zusammengestürzte Mühle am Bache. Der Grund aufgerissen; Zeichen der Zerstörung ringsum. Höher oben ein großer Bauernhof.)

(Oben vor dem Hofe wird eine Versteigerung abgehalten. ***Viel Volk*** *ist versammelt. Zechen und Gelärm.* ***Peer Gynt*** *sitzt unten auf einem Schutthügel in der Nähe der Mühle.)*

Peer Gynt.
Hin und zurück, 's ist der gleiche Weg.
Hinaus und hinein, 's ist der gleiche Steg. –

Die Zeit, sie zehrt, und der Bach verdorrt.
Geh drum herum, sprach der Krumme. Wahr Wort!

Ein Mann in Trauer.
Jetzt preisen sie bloß noch Plunder an.
(Erblickt Peer Gynt.)
Auch Fremde sind hier? Gott zum Gruß, guter Mann!

Peer Gynt.
Desgleichen! Hier ist heut ein lustiger Tag.
Ist hier Kindstauf' heut oder Hochzeitsgelag'?

Der Mann in Trauer.
Man weiht, möcht' ich sagen, ein Haus heut ein; –
Die Braut liegt in einem Würmerschrein.

Peer Gynt.
Und Würmer reißen sich um den Schmaus.

Der Mann in Trauer.
Das ist das End' vom Lied; dann ist es aus.

Peer Gynt.
Alle Lieder desselbigen Endes sind;
Und alle sind alt; ich kannt' sie schon als Kind.

Ein Zwanzigjähriger*(mit einem Schmelzlöffel.)*
Hier hab' ich den Vogel abgeschossen!
In*dem* hat Peer Gynt seine Knöpfe gegossen!

Ein Anderer.
Und mein Geldscheffel hier, für 'nen Schilling, 'nen ganzen?

Ein Dritter.
Und für fünftehalb hier der Hausiererranzen?

Peer Gynt.
Peer Gynt? Wer war das?

Der Mann in Trauer. Mir ist nur das klar,
Daß er Schwager vom Tod und Schmied Aslak war.

Ein Mann in grauer Kleidung.
Du vergißt ja mich! Wie kommst Du mir für?

Der Mann in Trauer.
Du vergißt auf Haegstad die Blockhaustür.

Der Mann in Grau.
Ja, ja; doch Dir hat auch alles genügt.

Der Mann in Trauer.
Wenn sie nur jetzt nicht den Tod noch betrügt! –

Der Mann in Grau.
Schwager! Einen Schnaps auf der Schwagerschaft Wohl!

Der Mann in Trauer.
Der Teufel sei Schwager! Was ist das für Kohl –

Der Mann in Grau.
Laß gut sein; das Blut ist noch nicht so verdünnt, –
Man fühlt sich noch immer verwandt mit Peer Gynt.
(Zieht mit ihm ab.)

Peer Gynt*(leise.)*
Man trifft noch Bekannte.

Ein Bursche*(ruft dem Mann in Trauer nach:)*
Gehst wieder zechen,
Kommt Mutter Dir, Aslak, nach aus der Gruft!

Peer Gynt*(steht auf.)*
Hier kann man nun nicht mit dem Landwirt sprechen:
Je tiefer du gräbst, desto besser der Duft.

Ein Bursche*(mit einem Bärenfell.)*
Die Katze von Dovre! Da seht ihr Fell!
Die war's, die's zur Weihnacht den Trollen legte.

Ein Anderer*(mit einem Rentierschädel.)*
Hier ist der Renbock, der wackre Gesell,
Der mit Peer Gynt einst den Gendin lang fegte.

Ein Dritter,*(mit einem Hammer, ruft dem Mann in Trauer zu:)*
He, Du dort, Aslak, kennst Du den Hammer?
Hast Du mit dem einst die Walnuß zerkracht?

Ein Vierter*(mit leeren Händen.)*
Matz Moen, hier der Mantel, der unsichtbar macht!
In dem kam Peer Gynt einst zu Ingrid in die Kammer.

Peer Gynt.
Branntwein, Jungens! Und nun laßt mich Alten
Auch noch Auktion von allerlei halten.

Ein Bursche.
Was gibt's zu kaufen?

Peer Gynt. Ich hab' ein Schloß;
Das liegt in Ronde; – aus gutem Stein!

Der Bursche.
Ein Knopf ist geboten!

Peer Gynt. Schenk' Dir eins ein!
Drunter zu bieten, das war nicht fein.

Ein Anderer.
Er ist lustig, der Alte!
(Ein Haufe schart sich um ihn.)

Peer Gynt*(ruft.)* Grane, mein Roß; –
Wer bietet?

Einer im Haufen.
Wo steht es?

Peer Gynt. Wo wird es sein?
Im Westen! Gen Untergang! Das kann euch traben!
So schnell hat Peer Gynt nicht gelogen, Ihr Knaben!

Stimmen.
Was hast Du noch mehr?

Peer Gynt. So Perlen wie Schaum!
Ward mit Schaden gekauft! Wird was einbringen? Kaum.

Ein Bursche.
Ruf aus!

Peer Gynt. Von einem Gesangbuch ein Traum!
Für einen Angelhaken zu haben.

Der Bursche.
Zum Teufel die Träume!

Peer Gynt. Mein Kaisertum!
Ich werf's unter Euch; Ihr mögt raufen darum!

Der Bursche.
Folgt die Krone mit?

Peer Gynt. Aus dem prächtigsten Stroh.
Setzt sie nur auf, sie paßt, so oder so.
Weiter! Ein Windei, noch wohlverwahrt!
Eines Toren Grauhaar! Ein Prophetenbart!
Alles sei dessen, – ich hinterleg' es, –
Der mir den Weiser zeigt: Hier geht's des Weges!

Der Amtmann,*(der hinzugekommen ist.)*
Wenn Du noch lang' Dich so gehen läßt,
Mein Mann, so führt Dein Weg zum Arrest.

Peer Gynt*(mit dem Hut in der Hand.)*
Glaub's wohl. Doch sag' mir, Freund, wer war
Peer Gynt?

Der Amtmann.
Du willst mich –

Peer Gynt. Warum nicht gar!

Der Amtmann.
Was weiß ich; man sagt, ein greulicher Dichter –

Peer Gynt.
Ein Dichter –?

Der Amtmann. Ja, – was nur an Großem erdacht,
Das trug er so vor, als hätt'*er*'s gemacht.

Doch, Freund, schon zu viel von solchem Gelichter –
(Geht.)

Peer Gynt.
Und wo ist er jetzt, dieser seltsame Fant?

Ein älterer Mann.
Er fuhr übers Meer in ein fremdes Land.
Dort ging es ihm schlecht, wie vorauszusehn war; –
Jetzt ist er gehängt seit so manchem Jahr.

Peer Gynt.
Gehängt? Ganz, wie ich's gedacht mir hab'!
Der selige Gynt blieb sich treu bis zum Grab.
(Grüßt.)
Lebt wohl, – und Dank für so mancherlei heute!
(Macht einige Schritte, bleibt aber wieder stehen.)
Was meint Ihr? Soll ich Euch, wackre Leute,
Dafür ein Geschichtlein wiedererlegen?

Mehrere.
Ja, weißt Du eines?

Peer Gynt. Steht nichts dagegen. –
(Kommt näher; es gleitet etwas wie ein fremder Ausdruck über sein Gesicht.)
In San Francisco grub ich nach Gold.
Da gab es Euch Gaukler, so viel Ihr wollt.
Dem war mit den Zehen zu geigen verliehen;
Der tanzte spanischen Halling auf den Knien;
Ein dritter, erzählte man, Verse schrieb,
Indes man durchs Hirn einen Nagel ihm trieb. –
Kam auch der Teufel dazugestoben, –
Wollt', wie manch andrer, sein Glück erproben.
Seine Kunst bestand *da*rin: mit täuschendem Schein
Zu grunzen als wie ein leibhaftiges Schwein.
Die Persönlichkeit zog, war er gleich nicht bekannt.
Das Haus war voll, die Erwartung gespannt.
Vor trat er, in fliegendem Mantelkragen;
Man muß sich drapieren, wie die Deutschen sagen.

Doch unter dem Mantel, – von keinem gewußt, –
Verbarg sich ein Ferkel an seiner Brust.
Und so begann denn die Produktion.
Der Teufel kniff, und das Schwein gab den Ton.
Das Ganze gab sich als Phantasei
Übers schweinliche Dasein, gebunden und frei.
Ein Quieken zuletzt noch, wie unterm Stahl; –
Worauf sich der Künstler verbeugt' und empfahl.
Der Stoff ward von Fachleuten sorglich durchdacht;
Die Stimmung geschmäht oder lobend belacht;
Der Kehllaut klang doch zu dünn, meinte Kunz,
Und Hinz, daß der Todesschrei allzu studiert war –
Doch alle war'n eins, daß in puncto Gegrunz
Die Produktion denn doch äußerst outriert war. –
Seht,so ging's dem Teufel; denn er war dumm
Und berechnete nicht sein Publikum.
(Er grüßt und geht. Es fällt ein unsicheres Schweigen über die Menge.)

(Pfingstabend. Im Hochwald.)

(In einiger Entfernung, auf einem Stück Rodeland, eine Hütte mit Rentiergehörn über der Tür.)

*(**Peer Gynt** kriecht im Gehölz umher und sammelt wilde Zwiebeln.)*

Peer Gynt.
Dies hier ist ein Standpunkt. *Wie* wohl gestaltet
Sich's weiter? – Prüft alles, und das Beste behaltet! –
So hab' ich's gemacht, – hoch droben von Cäsar
Bis herunter zum Grasfresser Nebukadnezar.
So sollt' ich nun doch durch die Bibel, zum Trutz! –
Der Graukopf sucht wieder an Mutters Brust Schutz. –
Von Erde, so heißt's ja auch, bist du kommen. –
Nur immer die Wampe recht voll genommen, –
Das ist's. Von Zwiebeln! Das wär' kein Segen; –
Ich will lieber schlau sein und Schlingen legen.
Hier ist Wasser im Bach; ich werd' nicht verschmachten;
Als Tier bin ich immer noch fürstlich zu achten.
Soll ich sterben einst, – und dem entrinn' ich wohl kaum, –

So kriech' ich unter 'nen windbrochnen Baum,
Und deck' mich zu, wie ein Bär, mit Blättern
Und ritz' in die Rinde mit riesigen Lettern:
Hier ruht Peer Gynt, des Landes Zier,
Kaiser von all dem andern Getier. –
Kaiser?
(Lacht innerlich.)
Noch immer das alte Geliebel!
Du bist kein Kaiser; du bist eine Zwiebel.
Jetzt will ich dich einmal schälen, mein Peer!
Es hilft dir nichts, stöhnst du auch noch so sehr.
(Nimmt eine Zwiebel und pflückt Haut um Haut ab.)
Da liegt die äußre, zerfetzte Schicht; –
Der Gescheiterte, der um sein Leben ficht.
Die Passagierhaut hier, dünn wie ein Sieb, –
Hat doch im Geschmack von Peer Gynt einen Hieb.
Hier ist das Goldgräber-Ich; – fahr hin!
Der Saft ist weg, – war je einer drin.
Dies Dickfell hier, mit dem Zipfel für zwei, –
Ist der Pelzjäger an der Hudsonsbai.
Dies gleicht einer Krone hier; – hat sich was –!
Dem geben wir ohne weitres den Paß.
Hier der Altertumsforscher, kurz aber kräftig,
Und hier der Prophete, frisch und vollsäftig.
Er stinkt von Lügen, wie's in der Schrift heißt;
Ein Duft, der ein ehrlich Mannsaug' wie Gift beißt.
Dies Blatt hier, das weichlich am Finger klebt,
Ist der Herr, der herrlich und in Freuden gelebt.
Das nächste scheint krank. Es hat schwarze Schwielen; –
Schwarz kann auf Neger wie Pfaffen zielen.
(Pflückt mehrere auf einmal ab.)
Das hört ja nicht auf! Immer Schicht noch um Schicht!
Kommt denn der Kern nun nicht endlich ans Licht?!
(Zerpflückt die ganze Zwiebel.)
Bis zum innersten Innern, – da schau' mir einer! –
Bloß Häute, – nur immer kleiner und kleiner. –
Die Natur ist witzig!

(Wirft den Rest fort.)

Verdammtes Gegrübel!
Geht eins in Gedanken, gerät's ihm oft übel.
Na,*ich* kann ja nichts an Haltung verlieren;
Denn*ich* lieg' ja grundfest auf allen Vieren
(Kraut sich im Nacken.)
Wunderlich kommt mir dies Welttreiben vor!
Das Leben, wie's heißt, hat 'nen Fuchs hinterm Ohr.
Doch greift einer zu, verzieht sich der Schuft,
Und man fängt etwas andres – oder leere Luft.
(Er ist in die Nähe der Hütte gekommen, bemerkt sie und stutzt.)
Diese Hütte? Im Kiefernwald –! Hm!
(Reibt sich die Augen.)

Mir ist just,
Als hätt' ich einmal um dies Bauwerk gewußt. –
Der Rentierkopf, der von der Tür herab glänzt – –!
Ein Meerweib, vom Nabel an fischgeschwänzt –!
Lüge! Kein Meerweib! – Nägel, – Planken, –
Schloß wider tückische Koboldgedanken –!

Solvejg*(singt in der Hütte.)*
Nun ist hier zur Pfingstfeier alles bereit.
Lieber Junge mein, in der Ferne, –
Bist Du noch weit?
Dein Werk, das harte,
Schaff's nur gemach; –
Ich warte, ich warte,
Wie ich Dir's versprach.

Peer Gynt*(erhebt sich still und totenbleich.)*
Eine, die Treue hielt, – und einer, der vergaß.
Einer, der ein Leben verspielt, – und eine, die wartend saß.
O, Ernst! – Und nimmer kehrt sich das um!
O, Angst! –*Hier* war mein Kaisertum!
(In den Wald hinein ab.)

(Nacht. Kiefernwald.)

(Ein Waldbrand hat gewütet. Verkohlte Baumstämme meilenweit. Weiße Nebel hier und dort über dem Waldboden.)

*(**Peer Gynt** kommt durch den Wald gehastet.)*

Peer Gynt.
Asche, Nebel, Wolken Staubes, –
Bauherr, schwing den Zauberstab!
Über Pesthauch faulen Laubes
Wölb' ein übertünchtes Grab!
Dunst, Traum, totgeboren Wissen –
Damit sei der Grund umrissen,
Drüber sich der Turm der Lüge
Stein um Stein zusammenfüge.
Flucht vor Ernst und Scheu vor Buße
Prahl' von ihm mit frechem Gruße
Allen Richtungen der Rose:
Dies schuf Peter Gynt, der Große!
(Lauscht.)
Welch ein Weinen – wie von Kindern –?
Welch ein neuer Spuk und Greuel –?
Und am Boden rollen Knäuel –!
(Stößt mit dem Fuß danach.)
Wollt Ihr mich am Gehen hindern?

Die Knäuel.
Wir sind Gedanken;
Hast Du gedacht uns,
Tanzen auf schlanken
Füßen gemacht uns?

Peer Gynt*(geht um sie herum.)*
Einer kam durch mich ans Licht; –
Ward ein schiefer, schieler Wicht!

Die Knäuel.
Wir hätten sollen
Wie Vögel ins Blaue, –

Statt hier zu rollen
Als Garnknäuel, graue.

Peer Gynt(*stolpert.*)
Knäuel! Tropf! Was fällt Dir ein!
Stellst dem eignen Vater Bein!
(Flüchtet.)

Welke Blätter(*fliegen vor dem Winde.*)
Wir sind eine Losung;
Hast Du gesprochen uns? –
Des Staubs Liebkosung
Hat kläglich gebrochen uns.
Der Wurm zerfraß uns
Bis zu Skeletten;
Dein Geiz vergaß, uns
Um Früchte zu betten.

Peer Gynt.
Kamt doch nicht umsonst zur Erden;
Könnt noch bester Dünger werden.

Sausen in den Lüften.
Wir sind Lieder;
Hast Du gesungen uns? –
Tausendmal nieder
Hast Du gezwungen uns.
In Deiner Seele
Lagen und harrten wir; –
Nimmer nun warten wir.
Gift in Deine Kehle!

Peer Gynt.
Gift*in Dich,* Du dumm Gesing'!
Hatt' ich Zeit zu Versgekling?
(Schlägt sich durch Gebüsch.)

Tautropfen(*tropfen von den Zweigen.*)
Wir sind Zähren; –
Hast Du vergossen uns?

Winter zu wehren,
War einst erschlossen uns.
Dein Herz rief leise; –
Du bliebest achtlos.
Nun starrt's von Eise, –
Und wir sind machtlos.

Peer Gynt.
Hab' geflennt im Dovreschlosse, –
Flog zuletzt doch in die Gosse!

Gebrochene Halme.
Wir sind Taten; –
Hast Du bestellt uns?
Weh, nur verraten,
Geknickt und zerspellt uns!
Am jüngsten Tage
Kommen wir allzusamt
Und führen Klage, –
So wirst Du verdammt.

Peer Gynt.
Mir auch noch, verwünschtes Treiben,
Was ich *nicht* tat, anzuschreiben!
(Hastet davon.)

Aases Stimme *(aus der Ferne.)*
Pfui, so ein Hingejag'!
Schön hast Du umgekippt!
Schnee fiel den ganzen Tag; –
Arg wurd' ich eingestippt. –
Falsch hast gefahren mich;
Sah nichts vom Schlosse;
Der Teufel hielt zum Narren Dich
Mit der Hühnerstallsprosse!

Peer Gynt.
's Beste, sich von hier zu drücken!
Zu den Sünden, die dich plagen,

Auch noch die des Teufels tragen, –
's ist zu schwer für *einen* Rücken.
(Eilig ab.)

(Eine andere Strecke im Walde.)

Peer Gynt*(singt.)*
Ein Totengräber! Wo seid Ihr, Hunde?
Ein Lied aus blökendem Küstermunde!
Einen Flor, meinen Hutrand zu schatten!
Ich will meine Toten bestatten.

*(**Der Knopfgießer** mit Gerätkasten und einem großen Schmelzlöffel kommt auf einem Seitenweg daher.)*

Der Knopfgießer.
Schön guten Abend!

Peer Gynt. Desgleichen Dir!

Der Knopfgießer.
Man hat's eilig, wie? Wohin sollen wir?

Peer Gynt.
Zum Kirchhof.

Der Knopfgießer.
Zum Kirchhof? Verzeihung, – da wär'
(Ich seh' nicht mehr gut) Dein Nam' am End' Peer?

Peer Gynt.
Peer Gynt, wie man sagt.

Der Knopfgießer. Das Glück ist mir hold!
Juster war's, den ich heut holen sollt'.

Peer Gynt.
Das sollt'st Du? – Was willst Du?

Der Knopfgießer*(zeigt seinen Schmelzlöffel.)*
Was mag dies hier sein?
Eines Knopfgießers Löffel! Und Du sollst hinein.

Peer Gynt.
Wozu?

Der Knopfgießer.
Um umgeschmolzen zu werden.

Peer Gynt.
Um umgeschmolzen zu –?

Der Knopfgießer. Laß die Gebärden!
Dein Grab ist geschaufelt, Dein Sarg bestellt,
Dein Leib den Würmern zur Beute fällt; –
Doch Deine Seele, ward mir befohlen,
In meines Meisters Namen zu holen.

Peer Gynt.
Unmöglich! So ohne vorheriges Zeichen –!

Der Knopfgießer.
Man pflegt bei Niederkünften und Leichen
In aller Stille den Festtag zu wählen
Und dem Ehrengast vorher kein Wort zu erzählen.

Peer Gynt.
Ja, richtig. Vergib, ich bin ganz verstört.
Du bist also –?

Der Knopfgießer.
Knopfgießer; – wie Du gehört.

Peer Gynt.
Verstehe! Lieb Kind hat mancherlei Namen.
Ei, sieh mir, Freund Peer, wohin wir da kamen!
Doch, Alter, Du dünkst mich übel belehrt!
Ich weiß, ich bin mildre Behandlung wert; –
Ich bin nicht so arg, als Ihr vielleicht denkt; –
Ich hab' mancher Guttat das Dasein geschenkt; –
Im schlimmsten Falle bin ich ein Töffel, –
Doch nimmer ein Sünder für Deinen Löffel.

Der Knopfgießer.
Da sprichst Du's ja selber aus, kurzer Hand;

Du bist kein Sünder im höhern Verstand.
Drum sparst Du ja auch die Hölle, Geselle,
Und kommst, gleich andern, in meine Kelle.

Peer Gynt.
Nenn's, wie Du willst, – Kell' oder Höll';
Steinschlag wie Bergsturz bleibt beides Geröll.
Hebe Dich weg von mir!

Der Knopfgießer. Kränkender Ruf!
Du meinst, ich trab' auf 'nem Pferdehuf?

Peer Gynt.
Auf Pferdehuf oder Fuchsklauen, Mann, –
Pack' Dich, und gib keine Torheiten an!

Der Knopfgießer.
Mein Lieber, Du irrst Dich über die Maßen.
Wir haben beide nicht Zeit, zu spaßen; –
Und darum bündig der Sache Grund.
Ich hab' es aus Deinem eigenen Mund,
Du seist kein großer Sünder zu schelten,
Ja, kaum ein mittlerer –

Peer Gynt. Das mag gelten.
Das klingt schon besser –

Der Knopfgießer. Laß Dir nur Zeit; –
Doch Dich tugendhaft schelten, ginge zu weit –

Peer Gynt.
Wer wollte denn auch gleich freien Paß!

Der Knopfgießer.
Du bist also etwas, – halb dies, halb das.
Einem Sünder vom wirklich großzügigen Schlage
Begegnet man heute nicht alle Tage;
Mit Waten im Schlamm ist wenig geschafft;
Eine Sünde will Ernst, eine Sünde will Kraft.

Peer Gynt.
Ja, da hast Du recht; Gott soll mich behüten;
Man soll wie ein alter Berserker wüten.

Der Knopfgießer.
Du aber triebst mit der Sünd' nur Gebuhl.

Peer Gynt.
Mir war sie nie mehr als ein schmutziger Fleck.

Der Knopfgießer.
So sind wir ja einig. Der Schwefelpfuhl
Ist nicht für Euch, die Ihr patschtet im Dreck –

Peer Gynt.
Und folglich wird man verschont nun, Wertester?

Der Knopfgießer.
Nein, folglich umgeschmolzen, Verehrtester.

Peer Gynt.
Was sind das für Kniffe, drauf Ihr hier verfielt,
Derweil sich Peer Gynt von Euch ferne hielt?

Der Knopfgießer.
Ein Brauch, alt, wie die Erschaffung der Schlange; –
Damit, was ein Wert, auch zur Geltung gelange.
Du kennst ja das Handwerk, – weißt wohl, daß oft
Ein Guß mißraten kann, unverhofft.
Oft werden die Knöpfe ösenlos.
Was tätest Du da?

Peer Gynt. Ich würf' sie beiseite.

Der Knopfgießer.
Jawohl; Jon Gynt war im Wegwerfen groß,
Solang' sich noch Geldsack an Geldsack reihte.
Der Meister aber faßt's anders an –
Und bleibt auch darum ein sicherer Mann.
Er wirft nichts weg, als schlechthin verächtlich,
Was irgendwie noch als Rohstoff beträchtlich.
Du warst nun gedacht als ein blinkender Knopf

Auf der Weste der Welt; doch die Öse mißlang.
So mußt Du denn, Freund, in den Ausschußtopf –
Und nimmst wieder in die Masse den Gang.

Peer Gynt.
Du planst doch nicht etwan aus mir, zum Schluß,
Samt Peter und Paul einen neuen Guß?

Der Knopfgießer.
Ei freilich rechn' ich mit solchen Güssen.
Hat mehr als einer dran glauben müssen.
Zu Kongsberg ergeht es dem Geld nicht anders,
Das schlecht ward ob zu vielen Gewanders.

Peer Gynt.
Aber das ist ja elende Knauserei!
Teuerster Freund, da gib mich nur frei; –
Ein Knopf ohne Öse, ein blinder Heller, –
Was ist das für*Deinen* Auftragsteller!

Der Knopfgießer.
Freund, ösenlos oder abgeschliffen, –
Dein Metallwert bleibt davon unangegriffen.

Peer Gynt.
Nein, sag' ich! Nein! Mit Zähnen und Klauen
Wehr' ich mich. Alles andre; nur das nicht!

Der Knopfgießer.
Was denn für andres? Empor zum Blauen
Hast Du nun einmal den Reisepaß nicht –

Peer Gynt.
Ich bin zufrieden mit dem, was sich beut;
Von meinem Selbst aber lass' ich keinen Deut.
Straft mich, wie's Brauch, mit gesetzlicher Buße!
Setzt mich zu dem mit dem Pferdefuße; –
Ein hundert Jährlein, tut Ihr's nicht billiger;
Seht, das ist etwas, – da zeig' ich mich williger;
Die Pein ist schließlich doch nur moralisch,
Und also wohl nicht so pyramidalisch; –

Ein Übergang nur, wie geschrieben steht,
Und wie der Fuchs sagte. Früh oder spät
Erfolgt dann ein Abschluß; man zieht sich zurück –
Und hofft – und versucht von neuem sein Glück.
Doch dieses andre, – dies wie ein Stück Lehm
Zerknetet werden zu weiß Gott wem, –
Diese Schmelzlöffelei, dies Enteignungsverfahren, –
Dagegen möcht' ich mich gründlichst verwahren.

Der Knopfgießer.
Aber, lieber Peer, was ist denn dabei?
Wegen solch einer Kleinigkeit solch ein Geschrei!
Ein Mann, der niemals er selbst gewesen; –
Und macht nun, zu sterben, solch Federlesen!

Peer Gynt.
Was ist der Mann nicht gewesen –? Oho!
Peer Gynt ist was andres gewesen; so, so!
Nein, Knopfgießer, laß Du das Spekulieren!
Könnt'st Du durchforschen mir Herz und Nieren,
Du träfst bloß immer auf Peer und Peer
Und weiter nichts andres und sonst nichts mehr.

Der Knopfgießer.
Das ist nicht möglich. In meinem Befehle
Hier heißt es: Fordre Peer Gynt! Seine Seele
Bot ihrer Bestimmung Trotz, bis zum Schluß.
In den Löffel mit ihm als mißratenem Guß.

Peer Gynt.
Dummes Zeug! Das gilt einer andern Person.
Steht da wirklich Peer? Nicht Rasmus oder Jon?

Der Knopfgießer.
Die hab' ich seit langem schon umgegossen.
So komm denn im guten, und laß die Possen!

Peer Gynt.
Narr, der ich wäre! Was soll dann geschehn,
Wenn sich morgen erweist, es war ein Versehn?

Du trügst die Verantwortung dann, guter Mann!
Erwäg, was alles draus folgen kann –

Der Knopfgießer.
Ich hab' es hier schriftlich –

Peer Gynt. So gönn mir doch Frist!

Der Knopfgießer.
Was willst Du damit?

Peer Gynt. Beweisen, was ist.
Daß ich ich selbst war alle meine Tage.
Und dies war ja wohl unsre strittigste Frage.

Der Knopfgießer.
Beweisen?

Peer Gynt. Mit Zeugnissen und Attesten.

Der Knopfgießer.
Ich fürchte, Du hältst meinen Meister zum besten.

Peer Gynt.
Nein, nein! Doch alles geh' seinen Gang!
Lieber Mann, bitte, borg' mich mir selbst so lang'.
Nur ein Fristchen! Man wird nur einmal geboren –
Und möchte doch dann auch so weiter bestehn.
Wir sind also einig?

Der Knopfgießer. Magst Du denn gehn.
Doch am nächsten Kreuzweg bist Du verloren.

(Peer Gynt eilig ab.)

(Ein Stück weiter im Wald.)

Peer Gynt*(in voller Fahrt.)*
Zeit ist Geld, wie geschrieben steht.
Wo wohl der nächste Kreuzweg geht?
Kommt er noch lange nicht, kommt er bald?
Der Boden brennt mich wie glüh'nder Basalt.
Ein Zeuge! Ein Zeuge! Wo find' ich einen?

Weh mir! Im Wald hier treff' ich wohl keinen.
Die Welt ist Pfuschwerk! Die Einrichtung schlecht,
Will ein Mann beweisen sein sonnenklar Recht!

*(**Ein gekrümmter Alter,** einen Stab in der Hand und einen Sack auf dem Rücken, trottet vor ihm her.)*

Der Alte*(bleibt stehen.)*
Liebwerter, – ein Obdachloser bittet –!

Peer Gynt.
Entschuldig'; ich hab' kein Kleingeld bei mir –

Der Alte.
Prinz Peer! Herrje! Wir treffen uns hier –?

Peer Gynt.
Wer bist Du?

Der Alte. Tu' er doch nicht so gesittet!

Peer Gynt.
Du bist doch wohl nicht –?

Der Alte. Der Dovre-Greis? Ja!

Peer Gynt.
Der Dovre-Alte? Du, Alter, da?

Der Dovre-Alte.
Was, ich bin schön auf den Hund gekommen –!

Peer Gynt.
Entthront?

Der Dovre-Alte.
Ja, schenk' mir Dein Mitleid, ich brauch's.
Hier trab' ich am Bettelstab, knurrenden Bauchs.

Peer Gynt.
Hurra!*Die* Zeugenschaft dürfte mir frommen!

Der Dovre-Alte.
Der Herr Prinz, wie er grau geworden ist!

Peer Gynt.
Lieber Schwiegervater, die Jahre zehren.
Na; Schwamm über alle privaten Affären, –
Und, vor allem, keinen Familienzwist.
Ich war damals ein Tollkopf –

Der Dovre-Alte. Ach ja; ach ja; –
Der Prinz war halt jung. Und was macht man nicht da?
Aber klug war der Prinz, seine Braut zu verschmähn;
Jetzt braucht er dafür nicht sein Los zu verdammen!
Nicht lang', und sie war mit 'nem andern zu sehn –

Peer Gynt.
Ei, ei!

Der Dovre-Alte.
Immer mehr und mehr ließ sie sich gehn;
Und jetzt, – jetzt lebt sie mit Trond zusammen.

Peer Gynt.
Welchem Trond?

Der Dovre-Alte. Dem im Waldgebirg.

Peer Gynt. Dem ich einmal
Drei Säterinnen vorm Mund weg stahl!

Der Dovre-Alte.
Mein Enkel ist groß geworden und fett;
Sein Nachwuchs sitzt allerorten im Lande –

Peer Gynt.
Ja, klatsch' mir nur alles von A bis Z; –
Was kümmert mich jetzt diese ganze Bande. –
Ich bin nämlich in eine Klemme geraten
Und wünsche ein Zeugnis oder Attest; –
Und ist Väterchens Kopf noch kapitelfest,
So springt ja wohl auch mal ein Viertelsdukaten –

Der Dovre-Alte.
Wär's möglich; ich könnte dem Prinzen was frommen?
Und dafür vielleicht selber ein Zeugnis bekommen?

Peer Gynt.
Mit Freuden. Hab' so kein Bar zu verklecken,
Muß knicken und sparen an allen Ecken.
Doch hört, was es gilt. Ihr erinnert Euch doch
An jenen Abend im Rondeschloß noch –

Der Dovre-Alte.
Ich werd' nicht, Herr Prinz!

Peer Gynt. Das "Prinz" macht nichts besser.
Genug. Ihr wolltet damals, voll Groll,
Mich blenden, mit Eurem Glasermesser,
Und umschaffen mich aus Peer Gynt zum Troll.
Was tat ich da doch? Ich sagte: "Quod non!
Wenn Ihr mirso kommt, – auf und davon!
Was Liebe, was Ehre, was Macht, – ich bleibe
Ich selber – ich selber, sage und schreibe."
Diese Tatsache sollt Ihr vorm Richter beschwören –

Der Dovre-Alte.
Wie könnt' ich das!

Peer Gynt. Wärt Ihr mir immer noch gram?

Der Dovre-Alte.
Er will doch wohl nicht eine Lüge hören?
Er weiß doch noch, wie er die Trollhose nahm,
Und vom Metkrug schmeckte –?

Peer Gynt. Ihr wußtet zu locken; –
Doch vor dem Entscheidenden saht Ihr mich stocken.
Und justament*da*ran erkennt man seinen Mann.
Das ist der Schlußvers, auf den kommt's an.

Der Dovre-Alte.
Recht gut, daß Du mich auf den Schlußvers bringst!

Peer Gynt.
Was heißt das?

Der Dovre-Alte.
Als Du von Ronde gingst,
Da schriebst Du Dir doch hinters Ohr mein Leitwort.

Peer Gynt.
Welches?

Der Dovre-Alte.
Das Wort, das mächtige Scheid'wort!

Peer Gynt.
Das Wort?

Der Dovre-Alte.
Das uns scheidet vom Menschenzug, –
Das Wort: Troll, sei du selbst dir genug!

Peer Gynt(*weicht einen Schritt zurück.*)
Dir genug!

Der Dovre-Alte.
Undwo Du auch immer gewandelt,
Hast Du doch seitdem danach gehandelt.

Peer Gynt.
Ich! Peer Gynt!

Der Dovre-Alte(*weinend.*)
So lohnt man's dem Alten!
Und wenn Du's auch noch so geheim gehalten, –
Du lebtest als Troll. Mein Wort wies Dich an;
Du wurdest durch mich ein gemachter Mann; –
Und jetzo, jetzt spielst Du den Dünkelhaften
Wider mich und mein Wort, die Dir alles verschafften.

Peer Gynt.
Dir genug! Ein Bergtroll! Ein Egoist!
Hier stimmt etwas nicht; hier steckt eine List!

Der Dovre-Alte(*zieht einen Bündel alter Zeitungen hervor.*)
Du meinst, wir hätten nicht auch unsre Zeitung?
Hier, bitte; hier schwärmt von Dir, rot auf schwarz,

Die "Blocksbergpost", ein Blatt von Verbreitung, –
Und hier singen Nummern des "Heklawarts"
Dein Lob, seitdem Du der unsrige bist.
Willst Du es selbst lesen, Peer? Immer tu's!
Hier steht etwas, Unterschrift: "Pferdefuß".
Und hier. "Vom troll-nationalen Geiste".
Der Schreiber fördert die Wahrheit ans Licht:
Schwanz und Hörner, die machten's nicht; –
Die innre Verwandtschaft, die tät' das meiste.
"Unser*sich-selbst-genug,* – *das* macht den Troll aus!"
So schließt er, – und dann gibt er*Dich,* Peer, für voll aus.

Peer Gynt.
Ein Bergtroll? Ich!

Der Dovre-Alte. Ja, mein wackrer Genoß!

Peer Gynt.
So konnt' ich ja bleiben im Dovreschloß!
Was ließ ich dann Rondens behagliche Ruh'?
Wandte Schweiß auf und Arbeit und manch ein Paar Schuh'?
Peer Gynt – ein Troll! – Solch ein Quark! Solch ein Kohl!
Da, – kauf' Dir Tabak; und somit – leb'wohl!

Der Dovre-Alte.
Geneigter Prinz Peer!

Peer Gynt. Du bist nicht normal –
Oder kindisch. Geh in ein Hospital!

Der Dovre-Alte.
Das hätt' ich ja schon seit langem getan!
Doch meine Urenkel, leichten Geistes
Verleugnen sie ihren alten Ahn; –
Ich lebte nur noch in Büchern, heißt es.
Gott soll einen vor seinen Freunden bewahren,
Dies Wort spür' ich Armer am eignen Gebein.
's ist hart, nur noch so sein Gespenst zu sein –

Peer Gynt.
Lieber Mann, das haben schon mehr erfahren.

Der Dovre-Alte.
Und wir selbst, wo hätten wir Armenkassen,
Wo Altersgroschen, wo ein Asyl? –
Das würde zu Ronde ja auch nicht passen –

Peer Gynt.
Und zu Eurem*selbst-genugsamen* Stil!

Der Dovre-Alte.
Der Prinz kann dem Wort doch nur Ehre geben.
Und wenn er auf dem oder jenem Weg –

Peer Gynt.
Mein Freund, Du trittst auf 'nen morschen Steg; –
Ich hab' selbst, wie man sagt, kaum das nackte Leben –

Der Dovre-Alte.
Das wär' –! Auch der Prinz hätt' als Bettler geendet?

Peer Gynt.
Jawohl. Mein prinzliches Ich liegt verpfändet.
Und wer ist dran schuld? Ihr, verdammte Brut!
Da sieht man, was schlechte Gesellschaft tut.

Der Dovre-Alte.
Umsonst denn, daß ich die Hand ausstreckte!
So will ich zur Stadt mich zu fechten sehn.

Peer Gynt.
Was willst Du dort?

Der Dovre-Alte. Zur Komödie gehn.
Sie suchen im Blatt nationale Subjekte –

Peer Gynt.
Glück auf die Reise; und grüss' von mir.
Kann ich mich losreißen, halt' ich's mit Dir.
Ich schreib' eine Farce, so tief wie heiter,
Des Titels: Sic transit usw. usw.
(Eilt davon. Der Dovre-Alte ruft ihm vergebens nach.)

(Ein Kreuzweg.)

Peer Gynt.
Jetzt gilt es, Peer, galt es jemals im Leben!
Dies Dovrische*genug* hat den Ausschlag gegeben.
Das Fahrzeug ward wrack; jetzt schwimm auf den Planken!
Alles andre – nur nicht als Brack abdanken!

Der Knopfgießer*(an der Wegscheide.)*
Nun denn, Peer Gynt, das Attest, – wo ist es?

Peer Gynt.
Schon wieder ein Kreuzweg? Du Nimmersatt!

Der Knopfgießer.
Ich blicke nur auf Dein Gesicht, Dein tristes,
Und weiß, was die Glocke geschlagen hat.

Peer Gynt.
Ich bin des Gerenns müd; – man läuft nur irr –

Der Knopfgießer.
Und legt sich zudem umsonst ins Geschirr!

Peer Gynt.
Bei Nacht, im Wald, – was ist da zu sagen.

Der Knopfgießer.
Dort humpelt ein Alter. Woll'n wir ihn fragen?

Peer Gynt.
Er ist betrunken. Laß ihn in Ruh'!

Der Knopfgießer.
Doch könnt' er vielleicht –

Peer Gynt. Pst; laß ihn; – wozu?

Der Knopfgießer.
Ja, so sind wir so weit?

Peer Gynt. Eine Frage nur noch.
Was ist dieses "sei du du selbst" im Grunde?

Der Knopfgießer.
Eine seltsame Frage, zumal im Munde
Von einem, der jüngst erst –

Peer Gynt. So antworte doch!

Der Knopfgießer.
Du selbst sein heißt: dich selbst ertöten.
Doch Du brauchst vielleicht noch ein deutlicher Bild? –
Des Meisters Willen als wie ein Schild
An seines Lebensschwerts Griff sich löten.

Peer Gynt.
Doch wenn man nun niemals erfährt, was der Meister
Mit einem gewollt hat?

Der Knopfgießer. Das soll man*ahnen.*

Peer Gynt.
Doch wie oft mißleiten uns böse Geister, –
Und dann geht man ad undas mit fliegenden Fahnen.

Der Knopfgießer.
Der Teufel hat's nirgends leichter, zu angeln,
Als eben wo solche Ahnungen mangeln.

Peer Gynt.
Dies ist eine derart verzwickte Geschichte,
Daß ich auf mein "selbst sein" lieber verzichte.
Es fiel' am End' schwer, den Beweis zu führen.
So will ich*den* Streitpunkt denn nicht mehr berühren.
Doch als ich vorhin so den Wald durchtrabte,
Da kam's, daß mich doch mein Gewissensschuh schabte;
Du bist doch ein Sünder, dacht' ich im stillen –

Der Knopfgießer.
Da fängst Du ja wieder von vorne an –

Peer Gynt.
Ich meine, ein*großer,* mein guter Mann;
Nicht bloß in der Tat, auch in Wort und Willen:
Im Ausland war ich just kein Philister –

Der Knopfgießer.
Nun gut; so zeig' mir Dein Sündenregister!

Peer Gynt.
Vergönn' mir nur Frist, einen Priester zu suchen;
So beicht' ich und lass' ihn darüber buchen.

Der Knopfgießer.
Ja, brächtst Du mir solch einen Zettel mit,
So wärst Du der Schmelzlöffelsache wohl quitt.
Doch die Ordre, Peer –

Peer Gynt. Der vergilbte Wisch!
Der ist gewiß noch von älterem Datum; –
Da lebt' ich einmal, weder Fleisch noch Fisch,
Und spielte Prophet und glaubt' an ein Fatum – –
Na, gilt's denn die Probe?

Der Knopfgießer. Ja – aber –!

Peer Gynt. Je nun, –
Was hast Du denn, Bester, so viel zu tun!
Hier im Bezirk ist die Luft ja so lieb; –
Die Sterblichkeit wird immer kleiner und kleiner.
Bedenk, was der Pfarrer von Justedal schrieb:
"In diesem Tale stirbt selten einer."

Der Knopfgießer.
Am nächsten Kreuzweg denn; dann aber – Schluß.

Peer Gynt.
Ein Priester! Ich muß einen finden! Ich muß!
(Läuft den Weg weiter.)

(Hügel mit Heidekraut.)

(Der Weg schlängelt sich den Höhenzug entlang.)

Peer Gynt.
Der nützt mir vielleicht noch zu allerhand,
Sagte Esben, als er einen Elsternflügel fand.
Wer hätte gedacht, daß, als nichts mehr verschlägt,

Seine Sündenschuld einem noch Früchte trägt?
Mir ist zwar auch so nicht sonderlich geheuer;
Denn im Grund führt der Weg nur von Asche zu Feuer; –
Doch es bleibt ja noch immer die Trosttür offen:
Solang' einer lebt, so lang' mag er hoffen.

*(**Eine magere Person** in hoch aufgeschürztem Priesterrock und mit einem Vogelstellernetz auf der Schulter wandert eilig den Hügel entlang.)*

Peer Gynt.
Ein Prediger mit einem Vogelgarn!
Peter! An dir fraß das Glück einen Narr'n.
Guten Abend, Herr Pastor! Holprige Bahn!

Der Magere.
Was tut man nicht, eine Seele zu fahn?

Peer Gynt.
Aha; soll eine gen Himmel –?

Der Magere. Nein;
Ich hoffe, sie schlägt einen andern Weg ein.

Peer Gynt.
Herr, würd' ich ein Stückchen wohl mitgenommen –?

Der Magere.
Recht gern; Gesellschaft ist immer willkommen.

Peer Gynt.
Mich drückt ein Gesuch –

Der Magere. Vertraun Sie mir's an!

Peer Gynt.
Herr Pastor, ich bin ein ehrlicher Mann.
Ich hielt mein Lebtag des Staats Gebot;
Ich saß niemalen bei Wasser und Brot; –
Doch kann man ja wohl mal den Halt verlieren
Und straucheln –

Der Magere. Das kann dem Besten passieren.

Peer Gynt.
Nun denn; diese Mätzchen –

Der Magere. Nur Mätzchen?

Peer Gynt. Nur dies.
Nie, daß ich im Ernst wider etwas verstieß!

Der Magere.
Dann sparen wir uns jeden weiteren Ton; –
Sie irren sich, scheint es, in meiner Person. – –
Sie sehn meine Hand an? Warum, wenn's genehm?

Peer Gynt.
Welch stattlich entwickeltes Nägelsystem!

Der Magere.
Was bietet mein Bein so Besonderes?

Peer Gynt*(zeigt mit dem Finger.)*
Ist der Huf dort echt?

Der Magere. Ich schmeichle mir des.

Peer Gynt*(lüftet den Hut.)*
Ich hätte doch auf Ihren Schwarzrock geschworen;
Und da sind es – Euer Hochwohlgeboren!
Na; steht 's Portal offen, – komm nicht von hinten;
Kannst Du zum König, – geh nicht zum Bedienten.

Der Magere.
Ihre Hand! Sie scheinen mir vorurteilsfrei.
Na, Lieber; was gilt's, – und was soll ich dabei?
Nur eins! Nicht um Macht oder Geld mich drängen!
Das kann ich nicht schaffen, und wenn Sie mich hängen.
Mit den Menschen ist heut nichts mehr anzufangen; –
Der Umsatz ist völlig zurückgegangen;
Kein Zuwachs an Seelen; nur dann und wann
Eine einzelne –

Peer Gynt. Hat sich die Welt so verbessert?

Der Magere.
Im Gegenteil, Bester. Kläglich verwässert.
Die meisten holt sich der Schmelzlöffelmann.

Peer Gynt.
Aha, – von dem Löffelmann hört' ich schon was;
Er gab die Veranlassung eigentlich, daß –

Der Magere.
Nur Mut!

Peer Gynt. Nun, – wär' es nicht unbescheiden,
So wünscht' ich wohl –

Der Magere. Einen Zufluchtsort? Wie?

Peer Gynt.
Sie raten's, noch eh' ich ihm Worte lieh.
Sie sagten ja selbst, daß Sie Mangel leiden,
Und sind daher wohl um so eher willig –

Der Magere.
Aber, Freund –

Peer Gynt. Meine Forderungen sind billig. –
Ein Taggeld beanspruch' ich eigentlich nicht;
Nur Behandlung den Umständen angemessen

Der Magere.
Warmes Zimmer?

Peer Gynt. Nicht*zu* warm; – vor allem indessen
Erlaubnis, davonzugehn, schlank und schlicht, –
Zurückzutreten, um's kurz zu sagen, –
Sobald sich ein Weg zeigt zu besseren Tagen.

Der Magere.
Mein Freund, es tut mir wahrhaftig leid.
Doch Sie glauben mir nicht, welche Menge Suppliken
Ähnlicher Art mir die Leute schicken,
Wenn es sie abruft aus ihrer Zeit.

Peer Gynt.
Doch denk' ich an meinen verflossenen Wandel,
So dünkt mein Gesuch mich nicht allzu gewagt –

Der Magere.
Es war'n doch nur Mätzchen –

Peer Gynt. Was man so sagt; –
Doch, da fällt mir ein, ich trieb Negerhandel –

Der Magere.
Da handelten welche mit Willen und Sinnen –
Und mußten doch wieder, als Pfuscher, von hinnen.

Peer Gynt.
Ich hab' Brahmafiguren nach China verladen.

Der Magere.
Sie Leichenbitter auf Sündenpfaden!
Sind welche, die laden ganz andre Figuren
In Reden ab, Künsten und Literaturen –
Und rühren mich doch nicht –

Peer Gynt. Es blieb nicht dabei; –
Ich lebt' als "Prophet" eine tolle Legende –

Der Magere.
Im Ausland? Der meisten Blauseherei
Ist Humbug und findet im Löffel ihr Ende.
Wenn Ihr Gesuch auf nichts weiter beruht,
So kann ich nicht dienen, so leid es mir tut.

Peer Gynt.
Doch, hör'n Sie; ich kam auf 'nem Bootskiel getrieben, –
Der Ertrunkene greift nach dem Halm, steht geschrieben, –
Und: Du selbst bist dein Nächster, steht gleich daneben, –
Und da kam durch mich halbwegs ein Koch ums Leben.

Der Magere.
Hätt' lieber von einer Köchin vernommen,
Die durch Sie zugleich um was andres gekommen.
Was ist das hier für ein Halbwegs-Schnack,

Mit Respekt zu sagen? Wer möchte zu Zeiten,
Wie diese, die Kosten der Feurung bestreiten,
Was denken Sie wohl, für solch stimmungslos Pack?
Ja, ja,*Sie* mein' ich, mit Ihren Faxen;
Ich spreche, wie mir der Schnabel gewachsen.
Ich wünschte nur, daß der Herr Dilettant
Sich vor dem Löffel nicht länger grauste.
Was hülf's, und wenn ich Sie zehnmal behauste?
Mein Freund, Sie sind doch ein Mann von Verstand,
Wie schon Ihr gutes Gedächtnis beweist; –
Doch die Aussicht übers durchwanderte Land
Erzeigt sich denn doch, so für Herz wie für Geist,
Als ein Ausblick auf, sagen wir,*zu* viel*Sand.*
Was haben Sie, drüber zu lachen, zu weinen,
Was jubelnd zu bejahen, was verzweifelnd zu verneinen,
Was, das Sie heiß oder kalt überschreckt? –
Sie ärgern sich, – das ist der ganze Effekt.

Peer Gynt.
Es heißt, daß man schwer beurteilen kann,
Wo der Schuh drückt, hat man den Schuh nicht an.

Der Magere.
Das ist wahr; und – sei der und jener gepriesen –
Ich bin auf ein ungleich Paar Stiefel angewiesen.
Doch ein Glück, daß ich Stiefel sage, mein Bester,
Das erinnert mich dran, daß es eilen heißt,
Mir winkt ein Braten, der hoffentlich feist;
Und da schwatz' ich hier wie eine Kaffeeschwester –

Peer Gynt.
Und dürfte man fragen, welch Sündenkraut
Den Kerl gemästet hat?

Der Magere. Nach Verlaut
War er er selber bei Tag und bei Nacht;
Und*das* ist doch der Kernpunkt, im letzten Betracht.

Peer Gynt.
Er selber? Die Art kommt zu Ihnen ins Haus?

Der Magere.
Wie's fällt; wir sperren sie keinesfalls aus.
Man kann man selbst sein in doppeltem Verstand,
Ein Rock sein, von außen oder von innen.
Sie wissen, wie jüngst in Paris man erfand,
Porträts mit Hilfe von Sonne zu gewinnen.
Da kann man nun richtige Bilder machen,
Oder Negative, die gleich viel wert sind,
Nur daß hier Licht und Schatten verkehrt sind, –
Und die Laien sie häßlich finden und lachen.
Doch die Ähnlichkeit schlummert auch hier verstohlen,
Es kommt nur drauf an, sie hervorzuholen.
Hat eine Seele nun in ihrem Leben
Sich also negativ photographiert,
So wird die Platte drum nicht kassiert, –
Man pflegt sie vielmehr an uns weiter zu geben.
Wir nehmen sie uns sodann vor zur Behandlung; –
Und geeignete Mittel vollziehn die Verwandlung.
Wir dämpfen, wir baden, wir putzen, wir hitzen,
Mit Säuregüssen und Schwefelblitzen,
So lang', bis sich unsrem geduldigen Auge
Das rechte Bild endlich, das Positiv, tischt.
Doch hat man, wie Sie, sich zur Hälfte verwischt, –
So nützt weder Schwefel noch Kalilauge.

Peer Gynt.
Also nur wer als Rabe zu Ihnen kommt,
Kann als Schneehuhn gehn? Mit Verlaub, wem frommt
In seiner negativen Elendigkeit
Wohl diesmal Ihre Kunst und Behendigkeit?

Der Magere.
Einem Herrn Peter Gynt.

Peer Gynt. Peter Gynt? Ei, ei!
Ist Herr Gynt er selbst?

Der Magere. Er schwört, daß er's sei.

Peer Gynt.
Na, glaubwürdig ist er, dieser Herr Peter.

Der Magere.
Sie kennen ihn?

Peer Gynt. Was man so nennt, versteht er; –
Man kennt ja so manchen.

Der Magere. Meine Zeit ist knapp.
Wo sahn Sie zuletzt ihn?

Peer Gynt. Drunten am Kap.

Der Magere.
Di buona speranza!

Peer Gynt. Jawohl; doch sein Wort war,
Sein letztes, daß er die längste Zeit dort war.

Der Magere.
So muß ich stehenden Fußes dorthin.
Doch geh' ich, trüber Ahnungen schwanger.
Das Kapland, das Kapland wollt' mir nie in den Sinn; –
Dort sind so ein paar schlimme Missionare von Stavanger.
(Er fährt gen Süden.)

Peer Gynt.
Der Esel, der dumme! Da schiebt er ab,
Daß die Zung' ihm heraushängt. Viel Glück zum Kap!
Den Hund hab' ich naszuführen gewußt!
So ein Kerl macht sich kostbar und wirft sich in die Brust!
Er hat's wahrlich nötig, sich dick zu machen!
Sein Handwerk wirft ihm nicht viel in den Rachen.
Bald wird er eingehn an Fettverlust.
Hm,*ich* bin zwar auch kein Ritter ohne Tadel;
Ich bin ausgestoßen, kann man sagen, aus dem*Selbst*-eigner-Adel.
(Eine Sternschnuppe fällt; er nickt ihr zu.)
Grüss' von Peer Gynt, Bruder Meteor!
Leuchten, erlöschen, verschwinden im Tor

Der Finsternis – –
(Schaudert zusammen, wie von Angst gepackt und geht tiefer hinein in die Nebel; nach einer Weile Schweigens schreit er auf:)
Will mir denn niemand erstehn, –
Niemand im Abgrund, niemand im Reich des Lichts!
(Kommt weiter unten wieder hervor, wirft seinen Hut zu Boden und rauft sich das Haar. Allmählich wird er ruhiger.)
So unsäglich arm kann ein Mensch also gehn
Zurück in die grauen Nebel des Nichts.
Du liebliche Erde, sei mir nicht gram,
Daß ich Dein Gras trat, keinem zum Frommen.
Du liebliche Sonne, die leuchten kam
In ein Haus, drin keiner Dich hieß willkommen!
Kein Mund sprach zu Deiner Schönheit den Reim; –
Der Eigner, so sagt man, war niemals daheim.
Liebliche Sonne, liebliche Erde, –
Was heimtet Ihr meine Mutter an Eurem Herde.
Geist ist kein Marktgeschenk; Natur tritt mit Füßen ...
Es ist hart, seine Geburt mit dem Leben zu büßen. –
Hinauf will ich, hoch, wo die Gipfel blauen,
Einmal die Sonne noch aufgehen schauen,
Starren mich müd' aufs gelobte Land,
In einem Schneesturz mein Ruhbett haben;
Man mag drüber schreiben: "Hier ist*niemand* begraben";
Und dann –! Ja, – das Dann hat noch keiner gekannt.

Kirchgänger*(singen auf dem Waldweg.)*
O Morgenstunde,
Da Zungen des Geistes
Wie Schwerter herniedergeflammt!
Aus Enkelmunde
Den Geist nun preist es
In Liedern, dem Himmel entstammt.

Peer Gynt*(kriecht erschreckt in sich zusammen.)*
Nicht dorthin schaun! Dort ist Nacht und Verderben. –
Ich fürcht', ich war tot lange vor meinem Sterben.
(Will sich durchs Gebüsch davonstehlen, stößt jedoch auf den Kreuzweg.)

Der Knopfgießer.
Guten Morgen, Peer Gynt! Wo ist das Register?

Peer Gynt.
Das Glück und ich, – wir sind Stiefgeschwister.
Was tat ich nicht!

Der Knopfgießer.
Ohne daß Dich wer traf.

Peer Gynt.
Hm, nur ein reisender Photograph.

Der Knopfgießer.
Ja, die Frist ist aus.

Peer Gynt. Alles ist aus.
Die Eule wittert uns. Hörst Du sie wimmern?

Der Knopfgießer.
Ich hör' nur die Glocke –

Peer Gynt*(zeigt.)* Was mag dort schimmern?

Der Knopfgießer.
Eine Hütte, nichts weiter.

Peer Gynt. Was klingt dort im Winde –?

Der Knopfgießer.
Ein Weib singt, nichts weiter.

Peer Gynt. Ja, dort, – dort finde
Ich das Register –

Der Knopfgießer*(ergreift ihn beim Arm.)*
Bestell' Dein Haus!

(Sie sind aus dem Gebüsch herausgekommen und stehen vor der Hütte.)

(Morgendämmerung.)

Peer Gynt.
Mein Haus bestellen? Dort ist's! Geh, Mann!

Pack' Dich, Mann! Mich und mein Schuldbuch bärge
Kein Löffel, – und hätt'st Du sie groß wie Särge!

Der Knopfgießer.
Bis zum dritten Kreuzweg denn, Peer; aber dann –!
(Biegt zur Seite ab und geht.)

Peer Gynt*(nähert sich dem Hause.)*
Hin und zurück, 's ist der gleiche Weg;
Hinaus und hinein, 's ist der gleiche Steg.
(Bleibt stehen.)
Wilde, wilde, unendliche Klage;
So heimzukehren am End' seiner Tage!
(Macht einige Schritte, hält aber wieder inne.)
Drum herum, sprach der Krumme!
(Hört Gesang in der Hütte.)
Nein, dieses Mal, Peer,
Mittendurch, – ob auch der Weg noch so schwer!

(Er eilt auf das Haus zu; im selben Augenblick tritt ***Solvejg*** *aus der Tür, zum Kirchgang gekleidet und das Gesangbuch ins Tuch geschlagen, einen Stab in der Hand. Sie steht hoch da und gütig.)*

Peer Gynt*(wirft sich auf die Schwelle nieder.)*
Hier ist ein Sünder! Dein Urteil, – sprich's aus!

Solvejg.
Gott sei gelobt! Da kam er nach Haus!
(Tastet nach ihm.)

Peer Gynt.
Klag' aus das Übermaß meines Gerichts!

Solvejg.
Mein einzigster Junge, Du sündigtest nichts!
(Tastet wieder und findet ihn.)

Der Knopfgießer*(hinter dem Hause.)*
Das Register, Peer Gynt?

Peer Gynt. Schrei aus mein Verbrechen!

Solvejg *(setzt sich nieder zu ihm.)*
Durch Dich ward mein Leben ein selig Lied.
Gesegnet seist Du! Du hieltst Dein Versprechen!
Gesegnet der Pfingstmorgen, der Dich hier sieht!

Peer Gynt.
Verloren!

Solvejg. Laß Ihn nur raten und taten!

Peer Gynt *(lacht.)*
Verloren! Du könntest denn Rätsel raten!

Solvejg.
Nenn sie.

Peer Gynt. Nenn sie! 's hat keine Gefahr –!
So sag', wo Peer Gynt all die Zeit über war?

Solvejg.
Wo er war?

Peer Gynt. In der Brust der Bestimmung Keim –!
Wo er war, wie sein Gott ihn gewollt und verstanden!
Kannst Du das sagen? Wenn nicht, muß ich heim, –
Und untergehn in den nebligen Landen.

Solvejg *(lächelt.)*
O, das Rätsel ist leicht.

Peer Gynt. So sag', was Du weißt!
Wo war ich, in der Brust den göttlichen Geist,
Auf der Stirn den Namenszug, den Er geschrieben?

Solvejg.
In meinem Glauben, in meinem Hoffen und in meinem Lieben.

Peer Gynt *(fährt stutzig zurück.)*
Was sagst Du –! Schweig! Mach's Herz mir nicht schwer!
Eine Mutter hat in ihr Kind sich verliebt!

Solvejg.
Eine Mutter; – doch wer ist sein Vater? Er,
Der ihm um der Mutter willen vergibt.

Peer Gynt, *(ein Lichtstrahl überfliegt ihn, er ruft:)*
Mutter, Weib; Magd ohne Schuld und Fehle! –
Birg mich denn in Deiner Seele!
(Er klammert sich an ihr fest und verbirgt das Angesicht in ihrem Schoß. Langes Schweigen. Die Sonne geht auf.)

Solvejg *(singt leise:)*
Schlaf denn, teuerster Junge mein!
Ich wiege Dich und ich wache. –

> Auf meinem Schoß hat mein Junge gescherzt,
> Hat ihn seine Mutter sein Lebtag geherzt.
>
> An Mutters Brust hat mein Junge geruht,
> Sein Lebtag. Gott segne Dich, mein einzigstes Gut!
>
> An meinem Herzen zunächst war sein Platz,
> Sein Lebtag. Jetzt ist er so müd', mein Schatz.
>
> Schlaf denn, teuerster Junge mein!
> Ich wiege Dich und ich wache!

Der Knopfgießers Stimme *(hinter dem Hause.)*
Wir sehn uns am letzten Kreuzweg, Peer;
Und dann wird sich zeigen, – ich sage nicht mehr.

Solvejg *(singt lauter im Tagesglanz:)*
Ich wiege Dich und ich wache; –
Schlaf und träum', lieber Junge mein!